EBS 30일 인문학

처음 하는 역사학 공부

EBS 30일 인문학

처음 하는 역사학 공부

김서형 지음

EBS BOOKS

역사학이란 무엇인가

오래전부터 사람들은 과거에 발생한 사실에 대해 의문과 궁금증을 가지고 있었다. 그 사건은 왜 발생했고, 당시 사회에 어떤 영향을 미쳤을까? 의문은 과거의 특정 사실에만 국한하지 않고, 과거 전체로 확대되어 사람들이 살아왔던 시간과 생활 전체에 대한 것으로 이어졌다. 이러한 점에서 본다면 역사학은 과거에 발생한 사건이나 사상, 문화 등을 통해 과거의 사회와 시대를 이해하려는 학문이라고 정의할 수 있다. 그러나 오랫동안 수많은 역사학자들은 역사학의 정의를 둘러싸고 역사학의 본질과 기능에 대해 서로 다른 의견들을 내놓았다.

흔히 '역사학의 아버지'로 불리는 그리스의 역사가 헤로도토스Herodotos는 그리스와 페르시아 사이에 발생한 페르시아 전쟁을 주제로 저술한 저서에서 '역사'라는 단어를 썼는데, 그는 이를 '조사' 또는 '탐구'라는 의미로 사용했다. 그에게 역사는 과거에 실제로 발생

빈센트 반 고흐 Vincent van Gogh,
〈론강의 별이 빛나는 밤〉, 1888년 作.

고흐의 이 그림에는 원소가 탄생하는 별과
생명의 기원인 물 그리고 인간이 모두 등장한다.

한 이야기에 대한 서술을 의미했다. 오랫동안 기독교가 지배했던 중세 유럽에서는 인간의 역사가 신의 의지를 반영하는 것으로 간주되었기 때문에, 신과의 관련성을 기록하는 것이 매우 중요했다.

'근대 역사학의 아버지'로 불리는 독일의 역사가 레오폴트 폰 랑케Leopold von Ranke는 역사를 과학화함으로써 역사가 하나의 학문으로 발전하는 데 중요한 역할을 담당했다. 그는 철저한 사료 검토를 통한 객관적 역사 서술을 강조했다. 한편 20세기 영국의 역사가 에드워드 핼릿 카E. H. Carr는 역사를 "역사가와 그가 다루는 사실들 사이의 지속적인 상호작용의 과정"으로 규정하면서 과거 사실에 대한 역사가의 해석이 무엇보다도 중요하다고 역설했다. 이렇듯 역사학에 대한 정의 그리고 사회나 국가를 위해 역사학이 어떤 기능을 할 것인가의 문제는 시대와 역사가마다 매우 달랐다.

최근 융합학문이 등장하면서 학문 간 소통이 매우 활발해졌다. 이러한 시대적 분위기는 역사학에서도 예외가 아니다. 과거 역사학은 인간과 민족, 국가만을 분석 대상으로 삼았다면 이제는 그 범주를 확대해 인간뿐만 아니라 인간과 함께 공존하는 다른 생명체와 지구, 우주까지 분석 대상으로 삼는 학문이 유행하고 있다. 이처럼 광범위해진 역사학 속에서 역사가들은 호모사피엔스Homo sapiens의 단일한 후손으로서 인류 공동체의 상호협력과 다른 종과의 공존을 강조한다. 그야말로 가장 범주가 큰 역사학이라 할 수 있다.

한스 홀바인 Hans Holbein,
〈대사들〉, 1533년 作.

독일 화가 홀바인은 프랑스에서 헨리 8세의 이혼을 막기 위해 파견한 대사 두 사람의 초상화를 그렸다. 그림의 배경에 등장한 천구의나 각도기는 항해술이 발달했던 당시의 시대적 배경을 보여주고, 류트와 성가집은 신교와 구교의 갈등을 의미한다. 특히 바닥에 기묘한 형상을 이루고 있는 뒤틀린 해골이 눈길을 사로잡는데, 이는 메멘토 모리Memento Mori, 즉 '죽음을 기억하라'는 의미다. 메멘토 모리는 이 그림을 의뢰한 댕트빌(그림의 왼편에 있는 인물)의 좌우명이기도 하다.

이 책은 30명의 역사가들이 역사학을 어떻게 정의하며 역사학의 역할을 무엇으로 보았는지를 설명한다. 이들은 시대와 정치 상황, 문화 등에 따라 서로 다른 방식으로 역사의 본질을 규명했고, 이를 토대로 학문으로서 역사학을 정립하고자 했다. 자칫 딱딱하고 건조할 수 있는 역사학 이론을 쉽게 이해할 수 있도록 여러 가지 에피소드도 함께 담아냈다. 역사학을 처음 접하거나 역사학 공부를 본격적으로 시작하기에 앞서 이 책을 통해 역사학의 세계를 가벼운 마음으로 조망할 수 있기를 기대한다.

김서형, 러시아 빅히스토리 유라시아센터 연구교수

차례

1일

오늘의 키워드
탐구

신화적 시간에서 역사적 시간을 분리한다

헤로도토스와
《역사》

#페르시아_전쟁 #최초의_세계인 #신화적_시간 #역사적_시간 #그리스의_영광

2006년 역사상 가장 위대한 전사들을 소재로 한 영화 한 편이 제작되었다. 무려 100만 대군과 맞섰던 전사 300명의 이야기를 담아낸 영화 〈300〉이다. 이 영화의 배경이 된 테르모필레 전투는 BC 480년 바빌로니아와 이집트까지 점령해 넓은 영토를 지배했던 페르시아와 스파르타를 중심으로 동맹을 결성한 그리스 연합군 사이에 벌어진 전쟁이다.

테르모필레는 오늘날의 그리스 중동부에 위치한 지역으로 그리스로 가기 위해서는 반드시 통과해야 하는 지역이었다. 험준한 산의 절벽과 만灣 사이에 끼어 있는 이 땅은 가장 좁은 곳의 폭이 15미터

자크 루이 다비드 Jacques-Louis David,
〈테르모필레 전투의 레오니다스〉, 1799–1814년 作.

테르모필레 전투를 이끌었던 스파르타의 왕
레오니다스의 모습을 담은 그림이다.

정도밖에 되지 않아 적을 방어하기에 매우 유리한 지형을 이루고 있었다. 당시 아테네의 전략가 테미스토클레스Themistocles(BC 524?~BC 460?)는 테르모필레의 이러한 지리적 특징을 활용해 페르시아 군대를 저지하고 해군을 무찔러야 한다고 주장했다. 그의 전략은 상당히 효과적이어서 테르모필레를 지키던 스파르타 왕 레오니다스Leoni-das(재위 BC 487~BC 480)와 군대는 페르시아 군을 상대로 계속 승리를 거두었다.

그러나 한 그리스인이 페르시아 측에 우회로를 알려주었고, 이 우회로를 이용해 페르시아 군대가 뒤에서 그리스 연합군을 공격해 들어왔다. 당시 그리스 연합군은 분산되어 있어서 레오니다스에게는 정예군 300명과 연합군을 포함해 1,000여 명의 병력만 남아 있었다. 결국 레오니다스와 그의 군대는 전원 사망했는데, 영화 〈300〉은 바로 이들의 이야기를 다룬다. 테르모필레 전투에서 승리한 페르시아 군대는 아테네까지 진격했지만 살라미스 해전에서 패배하면서 페르시아의 그리스 원정은 결국 실패하고 말았다.

이 전투에 대한 기록을 남긴 역사가가 바로 헤로도토스(BC 484?~BC430?)다. 그가 《역사》를 집필한 목적 중 하나는 페르시아와 그리스 연합군 사이에 발생한 페르시아 전쟁의 과정을 서술하고 조망하는 것이었다. 이는 《역사》의 '서문'에도 잘 드러난다. "이 글은 할리카르나소스 출신인 헤로도토스가 인간의 행적이 시간이 지나면서 잊히지 않도록, 그리스인과 비非그리스인이 보여준 위대하고 놀라운 업적의 영광이 퇴색하지 않도록, 무엇보다도 그들이 서로 전쟁을 하게 된 원인에 관해 탐구하여 내놓는 것이다."*

할리카르나소스는 오늘날 에게해가 바라보이는 터키 보드룸이다. 여기에서 태어난 헤로도토스는 10여 년에 걸쳐 오랜 여행을 다녔다. 동쪽으로는 바빌론, 서쪽으로는 리비아까지 이동했으며, 남쪽으로는 나일강 상류 지역, 북쪽으로는 크림반도까지 갔다. 그는 당시 최초의 세계인이었다. 페르시아를 제외하고 그 시대의 사람들이 인식했던 세계를 모두 여행했기 때문이다. 그는 다양한 지역에서 수많은 자료를 조사하고 기록했다. 여기에는 자신이 직접 체험한 것뿐만 아니라 다른 사람들에게서 들은 것도 포함되어 있었다. 그래서《역사》는 한 시대, 한 민족의 이야기만이 아니라 수천 년에 걸친 인류의 다양한 삶을 보여준다.

한편 헤로도토스는《역사》를 통해 역사의 흐름이 신에서 비롯된다는 생각을 거부했다. 호메로스Homeros는 트로이 전쟁에 관해 서술하면서 그 사건을 기억하는 신으로부터 받은 영감에 의존했지만, 헤로도토스는 과거의 사건을 직접 조사해서 기술했다. 즉 헤로도토스의 기억의 근원은 신이 아닌 바로 역사가 개인이었다. 그래서《역사》

* 헤로도토스 지음, 천병희 옮김, 《역사》, 숲, 2009년, p. 24.

페테르 파울 루벤스 Peter Paul Rubens,
〈헥토르와 싸워 이기는 아킬레우스〉, 1630-1632년 作.

루벤스는 상상력을 발휘해 신화를 소재로 그림을 그린 것으로 유명한데,
이 그림은 친구 파트로클로스의 사망에 분노한 아킬레우스의 모습을 보여준다.

에서는 신이 직접 인간의 사건에 개입하는 경우가 없고, 이전의 다른 작품과 달리 신화적 시간과 역사적 시간이 분리되었다.

신화적 설명을 거부하기 위해 헤로도토스는 그리스와 페르시아 사이에 벌어졌던 페르시아 전쟁을 시간순으로 서술했다. 여러 지역을 여행하면서 수많은 자료와 정보를 얻을 수 있었기 때문에 헤로도토스는 페르시아 전쟁이 발발했을 당시 여러 사건과 주변국들과의 관계를 자세히 기록할 수 있었고, 이를 토대로 세 차례에 걸친 전쟁의 원인과 경과를 상세하게 서술했다.

헤로도토스는 소아시아 때문에 그리스와 페르시아 사이에 전쟁이 발발했다고 주장했다. BC 6세기부터 그리스는 소아시아 일대에 여러 식민도시를 건설했는데, 이 가운데 이오니아 지역이 키루스 2세Cyrus II(재위 BC 559~BC 529) 때 페르시아의 영토가 되었다. 이에 불만을 가진 이오니아의 일부 도시국가들이 반란을 일으키면서 그리스 본토에 지원을 요청했다. 아테네는 이오니아 반란에 개입했지만, 결국 페르시아 군대에 진압되었다. 이후 페르시아는 그리스 본토의 도시국가들에게 복종을 요구했고, 아테네와 스파르타가 페르시아의 사신을 처형하면서 제1차 전쟁이 시작되었다. 그러나 이 전쟁에서 페르시아군은 마라톤 전투에서 패배해 그리스 공략에 실패했다.

제2차 전쟁에서는 페르시아의 크세르크세스 1세Xerxes I(재위 BC 486~BC 465)가 직접 대규모 원정군을 이끌고 그리스를 공격했다. 헤로도토스는 당시 페르시아 병력이 약 500만 명에 달한다고 기록했으나, 오늘날 역사학자들에 따르면 대략 50만 명 정도로 추정된다. 당시 페르시아 전체 인구는 대략 2000만 명으로 전 세계 인구의 약 5분의 1에 해당했다. 페르시아는 테르모필레 전투에서 승리했지만, 해협이 좁은 살라미스 해전에서 패배하여 결국 철수했다.

BC 479년에 벌어진 마지막 전투에서 스파르타의 지원군이 페르시아 군대를 격파했고, 결국 페르시아는 그리스 원정을 포기할 수밖에 없었다. 그렇다고 페르시아와 그리스의 전쟁이 완전히 끝난 것은 아니었다. 이후 그리스는 이오니아를 비롯해 에게해와 흑해, 이집트까지 세력을 확장했고, 아테네를 중심으로 델로스 동맹을 결성해 페르시아를 공격했다. 그리스와 페르시아는 BC 448년 칼리아스 화약Peace of Kallias으로 마침내 페르시아 전쟁의 종지부를 찍었다. 이렇게 오랫동안 페르시아와 전쟁을 치르면서 아테네는 그리스의 여러 도시국가들 가운데 막강한 세력을 유지할 수 있었고, 이는 후일 스파르타와의 분열을 초래한다.

《역사》를 서술하면서 헤로도토스가 유난히 강조한 것은 그리스가 페르시아의 침략을 격퇴하고 민주주의와 자유를 수호하는 위대한 업적을 이루었다는 것이다. 그는 밀레토스가 그리스에서 가장 먼저 민주주의를 시작한 도시였지만 그런 밀레토스가 페르시아에 의해 파괴되었다고 서술했다. 즉 헤로도토스에게 밀레토스는 페르시아 전쟁이 시작된 곳이었다. 최초의 민주주의와 자유가 페르시아에 의해 파괴되었기 때문이다.

헤로도토스는 《역사》를 통해 전쟁 시기에 나타났던 도시국가들의 갈등과 협력, 그리스와 페르시아의 전략, 정치 지도자와 장군의 활약 등을 상세하게 기록했다. 흔히 《역사》는 있는 그대로 기록하고 전하기 위한 헤로도토스의 신념을 잘 보여주는 저서로 알려져 있다.

하지만 그에게 정말 중요했던 것은 '서문'에서 밝힌 것처럼 페르시아 전쟁의 원인을 밝히는 것이 아니었다. 페르시아 전쟁을 통해 자유와 민주주의를 수호하고자 했던 그리스인의 위대한 업적과 영광을 보여주는 것이었다. 이러한 점에서 본다면 헤로도토스의 《역사》는 과거 사실을 객관적으로 서술했다고 보기 어렵다. 그러나 《역사》를 계기로 이제 역사는 신화적 시간과 공간으로부터 분리되어 역사적 시간과 공간 속에서 서술되기 시작했다. 이는 수많은 지역을 다니면서 보고 들은 것을 자세하게 기록했던 헤로도토스 덕분이다.

2일

오늘의 키워드
객관적 진실

오직 사실만을 기록한다

투키디데스와 《펠로폰네소스 전쟁사》

#펠로폰네소스_전쟁 #근거_있는_사실 #객관적_서술 #제한적_역사_서술

"질병에 걸린 사람은 머리가 심하게 아프고, 눈이 충혈되며, 입과 목구멍에서 피가 나는 등의 증상이 나타났다. 기침, 콧물, 가슴 통증이 뒤따랐으며, 위경련, 심한 구토, 설사, 참을 수 없는 갈증 등의 증상도 있었다. 피부에는 붉은 반점이 생겼고, 정신착란에 빠지기도 했다. 보통 병에 걸린 사람은 7~8일이 지나 사망했고, 조금 더 버틴 사람들도 설사가 멈추지 않아 몸이 약해져 결국 목숨을 잃었다. 운 좋게 목숨을 건진 사람들도 시력과 기억을 잃거나 팔다리를 제대로 움직일 수 없었다."*

BC 430년 아테네를 휩쓴 전염병에 대한 기록이다. 당시 이 전염병은 정확한 원인이 밝혀지지 않아 아테네 역병이라고 불렸는데, 오늘날 의사들은 이 기록을 토대로 당시의 전염병이 장티푸스였을 것이라고 추정한다. 전염병에 대해 이렇게 자세한 기록을 남긴 사람은 그리스의 역사가 투키디데스Thucydides(BC 471?~BC 400?)다. 그는 아테네 시민들이 병에 전염될 것을 두려워해 환자들을 돌보지 않았고, 친구나 가족의 장례식조차 참석하지 않았으며, 거리에는 시체들이 즐비했고, 전염병을 피해갈 수 있는 사람은 아무도 없었다고 적었다.

투키디데스는 이 전염병이 아프리카의 에티오피아에서 시작되어 이집트를 거쳐 아테네로 이동한 것이라고 서술했다. 당시 아테네의 항구 도시 피레우스는 수많은 상인과 여행자들이 모여드는 글로벌 네트워크의 중심지였다. 사람들의 이동과 더불어 전염병도 이동했고, 이 전염병은 그리스의 여러 도시국가들 가운데 특히 아테네에 치명적인 영향을 끼쳤다.

당시 아테네는 전쟁 중이었다. 그리스에는 아테네를 중심으로 하는 델로스 동맹과 스파르타가 여러 도시국가들과 개별적으로 군사 조약을 체결해 형성된 펠로폰네소스 동맹이 존재했다. 페르시아 전

* 투키디데스 지음, 천병희 옮김, 《펠로폰네소스 전쟁사》, 숲, 2011년, p. 176.

미첼 스위츠 Michiel Sweerts,
〈아테네 역병〉, 1652-1654년 作.

펠로폰네소스 전쟁 당시 아테네에 유행했던
전염병 장티푸스의 끔찍함을 보여준다.

쟁이 끝난 후 아테네의 정치적, 경제적 위상이 확대됨에 따라 델로스 동맹에 가입하는 도시국가들이 증가했고, 동맹국들의 경제적 도움으로 아테네의 민주정치는 더욱 발전했다. 이를 토대로 아테네에서는 학문과 예술이 발전했는데, 이 시기에 세워진 대표적 건축물이 바로 파르테논 신전이다. 파르테논 신전은 아테네의 수호여신 아테나Athena에게 바쳐진 것으로 금과 상아로 만든 아테나상像과 수많은 조각과 부조로 장식되었다.

BC 433년 아테네는 그리스 이오니아제도의 케르키라섬과 그리스 본토와 펠로폰네소스반도를 잇는 코린토스 사이에서 발생한 전쟁에 개입한다. 이 전쟁에서 아테네는 케르키라의 편을 들었다. 당시 상업이 발달했던 코린토스는 아테네가 해상 교역에 개입하는 것을 두려워했는데, 결국 코린토스를 비롯해 아테네에 불만을 가진 도시국가들이 스파르타를 개입시켜 전쟁을 일으켰다. 이것이 바로 펠로폰네소스 전쟁이고, 한마디로 그리스 도시국가들 사이에 발생한 내전이다.

전쟁이 발발하자 당시 아테네를 통치했던 페리클레스Perikles(BC 495?~BC 429)는 시민들에게 전쟁을 피해 도시 안으로 이동할 것을 명령했다. 수많은 사람이 성벽 안으로 모여들었는데, 이는 전염병의 발생과 확산에 더없이 유리한 조건이었다. 시민들은 전쟁에서 아테네가 승리하리라 기대했지만, 전염병으로 병력의 4분의 1이 사망하면서 아테네 병력은 약화되기 시작했다. 치명적인 전염병으로 인해 시민들은 전쟁 의지를 상실했고, 결국 BC 421년에 평화조약을 체결했다. 이후 두 차례 더 전쟁을 치렀지만, 결국 아테네는 펠로폰네소스 전쟁에서 패배하고 말았다.

페르시아 전쟁 이후 아테네의 번영과 몰락을 기록한 역사서가 《펠로폰네소스 전쟁사》다. 이 저서를 집필한 투키디데스의 생애에 대해서는 잘 알려져 있지 않지만, 명문가 태생일 것으로 추정된다. 하지만 그는 귀족정치보다 민주정치를 지지했고, 당시 아테네의 민주정치를 이끌었던 페리클레스를 적극적으로 지지했다. 그는 선동가와 군중심리에 의해 다수의 대중이 현명하지 못한 판단을 내릴 경우 민주정치가 중우정치衆愚政治가 될 수 있기에 페리클레스와 같이 현명한 지도자가 대중을 이끌어야 한다고 생각했다.

투키디데스는 마케도니아 지방의 암피폴리스로 파견 나갔다가 스파르타가 이 지역을 점령하는 바람에 그 책임을 지고 아테네에서 추방당하는 시련을 겪었다. 실제로는 투키디데스가 전쟁을 하다 패배한 것이 아니라 그가 암피폴리스에 도착하기도 전에 이미 스파르타에 항복을 선언한 상황이었지만, 여러 정치적 이유로 그는 20년 이상 아테네를 떠나야만 했다. 이러한 추방 경험은 개인적으로도 큰 고통이었겠지만, 역사가로서는 그가 균형 잡힌 시각을 가지는 데 도움을 주었다. 실제로 그는 《펠로폰네소스 전쟁사》에서 아테네의 패

필리프 폰 폴츠 Philip von Foltz,
〈추도사를 하는 페리클레스〉, 1835년 作.

제2차 펠로폰네소스 전쟁 당시 페리클레스가 전쟁 추도사를 하는 모습이다.
그는 이 자리에서 아테네의 위대함과 이를 위해 목숨을 바치는 것이
얼마나 명예로운 일인지를 강조했다.

배를 왜곡하지 않고 다양한 시각에서 분석함으로써 최대한 객관적으로 역사적 진실을 보려고 노력했다. 이는 자유와 민주주의를 수호하려는 그리스인의 노력을 부각했던 헤로도토스와 구분되는 모습이다.

《펠로폰네소스 전쟁사》는 총 8권으로 구성되어 있다. 다만 BC 411년의 사건까지만 기록해 BC 404년에 스파르타의 승리로 끝난 펠로폰네소스 전쟁의 결말에 대해서는 언급하지 않는다. 그가 전쟁의 결말에 관해 서술하지 않은 점에 대해서는 아직 분명하게 밝혀지지 않았다. 하지만 미완성의 서술임에도 투키디데스의 《펠로폰네소스 전쟁사》는 오늘날까지 중요한 영향을 미치고 있다.

무엇보다도 투키디데스의 역사 서술은 근거 있는 사실만을 다루었다는 점에서 중요하다. '역사학의 아버지'라 불리는 헤로도토스는 자신이 경험하거나 목격한 일 외에도 신화나 전설과 소문 등을 함께 서술했던 반면, 투키디데스는 직접 목격한 일이나 여러 가지 자료와 증언에 근거해 사실이라고 믿을 수 있는 것에 관해서만 서술했다. 그는 역사를 서술하는 사람의 주관적인 시각이나 관점을 배제하고, 가능한 한 객관적으로 사건을 다루고자 노력했다. 다시 말해 헤로도토스의 역사가 과거의 '이야기'였다면, 투키디데스의 역사는 과거 '사실'의 기록인 셈이다. 그래서 《펠로폰네소스 전쟁사》에는 아테네의 패배나 아테네인의 실수, 잘못된 행동들에 대해서도 그대로 기록되어 있다.

물론 투키디데스의 역사관에도 한계점은 존재한다. 직접 보거나 충분한 근거가 있는 사실만 역사 사실로 취급한다는 그의 원칙으로 인해 역사가의 시각과 관점이 지나치게 편협해졌다는 점이다. 역사가가 직접적 또는 간접적으로 경험할 수 있는 것은 분명히 제한되어 있기 때문이다. 이는 문화나 문명을 바라보는 시각에도 그대로 반영되었다. 헤로도토스는 신화나 전설 그리고 다른 사람에게서 들은 이야기까지 모두 역사 서술의 근원으로 활용하면서 한 문명의 특징을 자연환경이나 인종과 문화 등 다양한 요소들을 통해 분석했지만, 투키디데스는 정치적, 군사적 요소를 통해서만 문명을 분석하고자 했다. 오늘날로 본다면, 정치사나 군사사만 역사로 간주한 것이라 할 수 있다.

또한 《펠로폰네소스 전쟁사》는 수사학의 영향을 받아 사상이 지나치게 응축되어 있고 난해하다는 평을 받는다. 그렇지만 모든 것을 객관적으로 분석하고자 했던 투키디데스의 노력은 후일 실증주의 사학이 발전하는 데 많은 영향을 주었다.

오늘의 키워드
역사의 유용성

사실과 함께 교훈을 전한다

티투스 리비우스와 《로마사》

#공존 #조화 #공화정의_위기 #평화와_번영

이탈리아는 오랫동안 분열되어 있다가 1861년 하나의 국가로 통일되었다. 그래서 문화적, 언어적 이질성이 강하고 북부와 남부 지역의 격차가 상당히 심하다. 이러한 격차는 정치나 경제뿐만 아니라 스포츠에서도 분명하게 나타난다. 20세기 초까지 이탈리아 축구는 북부 클럽들이 장악했다. 이에 대항하기 위해 3개의 클럽이 모여 로마연합Associazione Sportiva Roma, AS Roma을 결성했고 이후 AS 로마는 15년 만에 우승을 차지했다. AS 로마의 엠블럼은 한 차례를 제외하고 동일한 모양을 유지하는데, 바로 로마의 건국 신화에 등장하는 늑대와 쌍둥이 형제다.

페테르 파울 루벤스,
〈로물루스와 레무스〉, 1615–1616년 作.

늑대 젖을 먹고 자란 쌍둥이의 전설을 소재로 한 그림이다.

트로이의 장군 아이네이아스Aeneias는 트로이군에서 헥토르Hektor 다음으로 용맹스러웠지만, 트로이가 그리스와의 전쟁에서 패망하자 자신을 따르는 무리를 거느리고 피신했다. 아폴론Apollon으로부터 "옛 어머니를 찾아 정착하라"는 신탁을 들은 그는 이탈리아반도에 도착해 새로운 왕국을 세웠다. 후일 그의 아들 아스카니우스Ascanius는 로마 남동쪽에 위치한 알바산에 도시를 건설했는데, 알바롱가 왕국이다.

이후 알바롱가 왕국을 지배하던 누미토르Numitor는 동생 아물리우스Amulius에게 왕위를 빼앗긴다. 아물리우스는 누미토르의 딸, 즉 조카딸 레아 실비아Rhea Sylvia에게 순결을 맹세하도록 했다. 하지만 그녀는 올림포스를 지배하는 12신 중 군신 마르스Mars의 쌍둥이 아들을 낳는다. 아물리우스는 자신의 자리를 위태롭게 하는 쌍둥이를 강물에 버렸지만, 마침 늑대가 이를 발견하고 쌍둥이를 키운다. 성인이 된 쌍둥이는 알바롱가 왕국으로 되돌아와 누미토르를 다시 왕위에 복귀시키고 자신들이 떠내려온 테베레강 상류 언덕에 왕국의 수도가 될 도시를 건설했다. 이후 누가 왕이 될 것인지를 놓고 다투다가 결국 쌍둥이 중 한 명이 죽고 말았다. 로마의 전설 로물루스Romulus와 레무스Remus의 이야기다.

이렇게 시작된 로마는 초기에 왕정 체제를 유지했다. 그러나 1인 독재의 부정적인 이미지가 강화되면서 공화정으로 바뀌었다. 공화정은 다수의 주권자가 통치하는 정치 체제를 말하는데, 로마공화정은 집정관과 원로원 그리고 평민회를 중심으로 구성되었다. 집정관은 2명을 선출했는데 임기는 1년으로 행정과 군대를 담당했고, 원로원은 300명의 귀족으로 구성된 권력 집단이었다. 평민회는 호민관을 선출하고 재판을 담당했다. 이러한 로마공화정의 역사에 대해 자세하게 서술한 역사가가 바로 티투스 리비우스Titus Livius(BC 59?~AD 17)다.

리비우스는 현재 이탈리아의 베네토주에 위치한 파도바에서 태어났다. 그는 아이네이아스가 로마를 세우기 전인 BC 753년부터 로마의 초대 황제인 아우구스투스Augustus(재위 BC 27~AD 14)의 양자 네로 클라우디우스 드루수스Nero Claudius Drusus의 사망(BC 9)까지를 다룬 역사서 《로마사》를 집필했다. 《로마사》는 총 142권이지만 대부분 소실되었고, 현재 전하는 것은 35권뿐이다. 리비우스는 "자유를 얻은 로마인이 평화로운 시기와 전쟁 시기에 어떻게 살았는지 이야기하려고 한다. 로마는 해마다 선거를 통해 선출된 사람들에 의해 다스려지고, 개인보다는 법이 지배하는 국가가 되었다"라면서 로마의 탄생부터 공화정의 시작과 몰락에 대해 기술했다.

리비우스가 무엇보다 초점을 맞춘 것은 공존이었다. 그는 공화정의 가장 중요한 가치는 귀족과 평민 사이의 조화라고 생각했다. 두 세력 간의 조화를 유지하는 것이야말로 로마공화정을 안정적으로 유지하고 운영하는 데 가장 중요한 토대라고 믿었던 그는, 이러한 조화를 최초의 집정관 루키우스 브루투스Lucius Junius Brutus로부터 끌어냈다. 로마는 에트루리아계 왕을 몰아내고 공화정을 수립했는데, BC 509년에 집정관이 된 브루투스는 에트루리아 혈통이었다. 브루투스는 자신의 두 아들이 에트루리아 반란에 가담했다는 소식을 듣고 아들에게 엄격하게 법을 집행했다. 자신의 아들이자 귀족이라는 이유로 특별 대우하지 않고 가차 없이 법을 적용해 결국 두 아들은 처형되었다. 리비우스는 브루투스의 이러한 결정이 귀족과 평민 사이의 조화에 기여했고 로마공화정에 평화와 번영을 가져왔다고 강조했다.

이와 더불어 리비우스는 로마공화정에 언제나 평화로운 시기만 존재했던 것은 아니라는 사실을 분명하게 밝혔다. 《로마사》 16~30권은 제1, 2차 포에니 전쟁에 관해 서술하고 있다. 포에니 전쟁은 BC 3세기 중반부터 지중해 패권을 둘러싸고 로마와 카르타고 사이에 세 차례에 걸쳐 발생한 전쟁이다. 이와 같은 대외적 위기는 로마 귀족과 평민이 조화를 이루는 데 큰 역할을 했고, 지도자들은 제도를 개선함으로써 공화정이 직면한 위기를 극복했다.

예를 들어 제2차 포에니 전쟁 때 카르타고의 장군 한니발Hannibal의 군대를 물리치기 위해 로마는 그때까지 한 명의 집정관이 2개의 군단을 지휘했던 것을 8개의 군단을 한꺼번에 지휘할 수 있도록 제도를 개선했다. 제3차 포에니 전쟁 때는 한 번 집정관에 임명되면

자크 루이 다비드,
〈브루투스에게 아들들의 시체를 가져다주는 릭토르들〉, 1789년 作.

아들들에게까지 엄격하게 법을 집행함으로써 로마공화정을 유지하고자 했던
브루투스의 모습과 울부짖는 아내의 모습이 대조적이다.

10년간 다시 집정관에 임명될 수 없다는 규칙을 깨고 이스파니아Hispania(이베리아반도의 옛 이름) 정복에 큰 공을 세운 스키피오 아이밀리아누스Scipio Aemilianus를 다시 집정관에 임명하기도 했다. 이러한 조치는 공화정의 전통을 무시하는 것이 아니라 현실에 맞게 제도를 개선함으로써 귀족과 평민의 공존을 추구하고, 공화정이 유지되는 토대로 기능했다.

리비우스는 《로마사》를 통해 공화정이 직면한 위기를 극복하는 과정을 반복적으로 서술함으로써 과거 로마인들의 삶이 어떠했는지를 살펴보고, 이러한 과정에서 공화정이 어떻게 타락하고 몰락했는지 보여주고자 했다. 하지만 자신이 살던 제정 시대에 대해서는 분명한 태도를 드러내지 않은 것으로 보인다. 그에게 이상적인 로마는 귀족과 평민이 공통의 목표를 가지고 조화롭게 균형을 유지하는 정치 공동체였기 때문이다.

일부 역사학자들은 리비우스가 도시국가에서 제국으로 팽창한 로마에 무엇이 필요한지 알려주기 위해 《로마사》를 집필했다고 말한다. 공화정이 몰락하게 된 원인과 배경을 살펴보고, 이를 통해 제국이 된 로마가 같은 실수를 반복하지 않도록 역사적 교훈을 전달하려고 했다는 것이다. 리비우스의 《로마사》는 조화와 공존이라는 가치 아래 로마의 건국부터 제정 시대까지를 연대기 순으로 살폈다는 점 외에도, 일부 역사학자의 주장대로 과거에 발생했던 사건을 바탕으로 현재와 미래에 적용할 만한 교훈을 강조하고 있다. 과거를 통해 현재와 미래에 대한 통찰을 추구하는 역사의 유용성을 잘 보여주는 대표적인 저서다.

오늘의 키워드
역사의 교훈

과거를 통해 미래를 알 수 있다

타키투스와 《게르마니아》

#로마_공화정의_타락 #게르마니아 #인과관계 #미래예측

1939년부터 1945년까지 이어진 제2차 세계대전은 인류 역사상 가장 끔찍한 전쟁이었다. 전쟁이 발발하게 된 원인은 여러 가지지만, 대표적인 원인으로는 베르사유 조약의 문제점 및 한계점과 대공황을 들 수 있다. 1919년에 체결된 베르사유 조약은 제1차 세계대전을 종식한 조약으로서 전쟁을 일으켰던 독일과 오스트리아-헝가리에 가혹한 배상금과 영토 축소, 식민지 반환 등을 요구했다. 독일에서는 화폐를 대량으로 찍어내면서 초인플레이션이 발생했고, 미국이나 영국 등으로부터 엄청난 금액의 차관을 도입했다. 그 결과 독일 경제는 파탄에 이르렀으며, 채무 불이행 상태에 직면했다.

1929년에 발생한 대공황은 이러한 상황을 더욱 악화시켰다. 10월 24일 뉴욕 월가의 주식거래소에서 주가가 폭락하면서 시작된 대공황은 미국뿐만 아니라 전 세계 자본주의 국가들에 심각한 영향을 미쳤다. 미국은 대공황으로 인한 사회 불안이나 정치, 경제적 위기를 극복하기 위해 수정자본주의를 도입한 뉴딜 정책을 시행했지만, 독일이나 이탈리아에서는 강력한 지도력을 강조하는 독재와 전체주의가 등장했고, 이는 결국 군부 정치로 이어졌다.

이 시기에 정권을 장악한 아돌프 히틀러Adolf Hitler(1889~1945)는 독일인의 '레벤스라움Lebensraum'*을 강조했다. 중세 시대부터 게르만족은 동방식민운동을 통해 영토를 확장했는데, 인구 과잉 문제를 해결하기 위해 해외 식민지가 필요하다는 생각 때문이었다. 레벤스라움은 바로 이와 같은 게르만족의 팽창주의 사상에서 유래한 것이었다. 나치는 동유럽과 러시아를 레벤스라움으로 설정하고, 이 지역으로 영토를 확대해 독일 민족이 살 수 있는 공간을 마련해야만 독일인이 살아남을 수 있다는 것을 대의명분으로 내세워 제2차 세계대전을 일으키고, 홀로코스트를 자행했다.

이러한 과정에서 히틀러가 세운 또 다른 프로젝트는 '게르마니아'였다. 이는 레벤스라움을 위해 영토를 확대하고, 베를린을 중심으로

---

* 국가와 민족의 생존과 발전에 필요한 공간적 영역을 뜻하는 지정학의 용어로 생활권 · 생존권 · 생공간 등으로 해석된다.

유럽을 지배하는 새로운 게르만제국의 수도를 만들겠다는 계획이었다. 제2차 세계대전에서 독일이 승리할 것을 굳게 믿었던 히틀러는 이 프로젝트를 완수한 후 베를린에서 세계박람회를 개최할 계획까지 가지고 있었다. 이를 위해 베를린에 거대한 규모의 건물들을 수직으로 세우고자 했으며, 여기에 강제수용소의 유대인 노동력을 활용하려고 했다. 그러나 늪지대였던 베를린은 거대한 건축물을 지탱하기에 지반이 약했던 데다가 제2차 세계대전에서 패배하는 바람에 프로젝트 게르마니아는 실패로 돌아갔다.

게르마니아는 로마인이 게르만족의 거주지에 붙인 이름으로, 유럽 중부 지역과 도나우강 북쪽, 라인강 동쪽에 해당하는 지역이다. BC 58년부터 BC 51년까지 율리우스 카이사르Gaius Julius Caesar(BC 100~BC 44)는 갈리아 정복 전쟁을 벌였다. 그리고 이 전쟁에 대해《갈리아 전기》라는 저서를 남겼다. 갈리아는 오늘날 프랑스와 벨기에, 스위스 서부 그리고 라인강 서쪽의 독일을 포함하는 지방이다. 이 전쟁에서 카이사르는 게르만족을 정복했지만, 라인강 동쪽의 게르마니아는 정복하지 못했다. 울창한 숲과 게르만족의 게릴라전 때문이었다. 이후 아우구스투스 때도 게르마니아 정벌을 시도했지만, 결국 포기하고 말았다.

당시 많은 로마인은 게르만족을 거칠고 야만적인 민족으로 생각했다. 그러나 로마제국의 변방에 있던 게르만족은 자신들의 높은 문

로렌츠 클라센 Lorenz Clasen,
〈라인강을 지키는 게르마니아〉, 1860년 作.

17세기 이후 게르마니아는
독일의 민족정신이자 수호신을 상징했다.

화 수준과 가치를 주변에 알리고자 했다. 이러한 과정에서 등장한 것이 바로 민족신 게르마니아였다. 한편으로는 거칠면서도 자유롭고 다른 한편으로는 평화를 갈망하고 지향하는 이미지가 혼합되어 게르마니아의 이미지가 형상화되었고, 이는 17세기 중반 낭만주의가 유행하면서 독일의 민족정신을 상징하는 것으로 부상했다.

흥미로운 사실은 민족신 게르마니아의 이미지가 형성된 유래를 한 역사서에서도 찾을 수 있다는 점이다. 바로 로마의 역사가 타키투스Publius Cornelius Tacitus(56?~120?)가 저술한《게르마니아》다. 그는 헤로도토스나 투키디데스 같은 그리스 역사가들과 달리 과거 사실을 객관적으로 보여주는 것에 별로 관심을 가지지 않았다. 그에게 역사는 과거의 경험을 통해 옳고 그름을 분별할 수 있는 판단력을 제공해주는 유용한 학문이었기 때문이다. 호민관과 집정관을 역임한 타키투스는 로마 정치에 많은 관심을 가졌고, 당시 로마제정이 직면한 위기가 공화정의 전통과 가치를 상실했기 때문에 발생했다고 믿었다. 모든 권력이 한 사람에게 집중되면서부터 로마가 부패하기 시작했다고 생각한 것이다.

그는 로마의 현실을 비판하면서 로마인들에게 되돌아갈 이상향을 제시하고자 했다. 이를 위해 그는 게르만족의 관습과 사회상에 대해 46장에 걸쳐 설명한《게르마니아》를 집필했다. 보다 구체적으로는 게르만족의 호전성이나 혼전 순결, 일부일처제 등을 우호적인

윌리엄 홈스 설리번 William Holmes Sullivan,
〈카이사르의 암살〉, 1888년 作.

공화정 붕괴에 위협을 느낀 원로원에서
카이사르를 암살하는 장면을 그린 것이다.

관점에서 서술하면서 당시 도덕적으로 타락했던 로마와 대조적인 모습을 부각시켰다. 놀랍게도 타키투스는 게르마니아에 가본 경험이 없어서 당시 여행자들의 보고서나 문학 자료를 토대로 이 지역에 관해 서술했는데, 《게르마니아》는 게르만족에 대한 유일한 라틴어 저서여서 오늘날에도 중요한 연구 자료로 활용되고 있다.

《게르마니아》에서 타키투스는 공화주의적 가치를 상실한 제정 로마의 부도덕한 현실을 비판하고, 자유롭고 도덕적인 게르만족 사회를 이상적인 사회로 묘사했다. 그렇다고 해서 그가 제정을 완전히 부정했던 것은 아니다. 그는 황제가 원로원의 견제 속에서 권력을 유지해야 한다고 생각했다. 한 사람에게 권력이 집중되는 것을 방지함으로써 시민의 자유를 보장하고, 이를 통해 로마가 더욱 도덕적으로 완벽한 국가로 성장할 수 있다고 믿었다. 따라서 타키투스의 목적은 공화제의 부활이라기보다는 권력의 독점을 방지하는 것에 있었다고 할 수 있다.

타키투스는 《게르마니아》를 통해 도덕성이 파괴되면 자유도 상실될 수 있다는 점을 분명하게 보여주었다. 그리고 게르만족의 사례를 통해 역사적 과거 속에서 인과적 관계를 올바르게 이해한다면, 미래에 대한 불확실성을 줄일 수 있다고 믿었다. 다른 사람들에게 들었던 사실이나 자신이 경험한 것을 그대로 서술함으로써 과거에 대해 알려주는 것이 자신의 역할이라고 믿었던 기존 역사가들과 달리, 타키투스는 역사의 가장 중요한 목적은 교훈을 얻는 데 있다고 생각했다. 리비우스와 마찬가지로 타키투스 역시 과거의 사실을 통해 선과 악을 구별할 수 있는 지혜를 얻을 수 있다고 믿었고, 이것이 반복되면서 인류 역사가 발전한다고 생각했다.

그렇기에 그에게 게르만족의 도덕적 관습과 생활 방식은 비록 로마인들의 생활 방식보다 수준이 낮을지언정 기록하고 보존할 가치가 있는 것이었다. 아무리 사소하고 작은 것이라도 교훈을 줄 수 있다면 반드시 기록해야 하며, 이를 통해 미래를 어느 정도 예측할 수 있다는 것이 타키투스가 《게르마니아》를 통해 우리에게 전달하고자 하는 메시지다.

5일

오늘의 키워드

정체순환과 혼합정체

로마는 어떻게 세계를 통일했을까?

폴리비오스와 《역사》

#원시_군주정 #왕정 #귀족정 #민주정과_중우정 #공화정

비밀을 유지하기 위해 당사자들끼리만 알 수 있는 기호로 만든 것을 암호라고 부른다. 인류 역사 속 최초의 암호는 고대 그리스로 거슬러 올라가는데, 스파르타에서 사용한 군사 암호인 스퀴탈레다. 이는 그리스어로 '막대'라는 의미다. 그들은 특정한 길이와 두께의 막대에 종이 띠를 감고 암호를 작성한 다음 적에게 혼란을 줄 수 있는 무의미한 내용을 적었다. 스퀴탈레를 풀기 위해서는 정해진 크기와 모양의 막대가 필요했고, 종이 띠를 제대로 감지 않으면 암호를 해독할 수 없었다. 하지만 문장이 일정 간격으로 쓰였기 때문에 문장의 시작점과 간격을 알면 암호를 해독할 수 있었다.

피터르 브뤼헐 Pieter Bruegel(the Elder),
〈네덜란드 속담〉, 1559년 作.

브뤼헐의 이 그림에는 암호처럼 보이는
네덜란드 속담이 군데군데 숨겨져 있다.

이후 사용된 암호는 카이사르 암호다. 알파벳에 숫자 1~26을 대응시키고 무작위의 숫자를 정한다. 그러면 암호문의 각 글자는 'A+무작위 숫자'의 형태가 되는데, 예를 들어 무작위 숫자가 3이라면 A는 D가 되고, B는 E가 되는 식이다. 실제로 카이사르가 사용할 당시 무작위 숫자는 3이었다고 전해진다. 이 암호가 사용될 수 있었던 것은 당시 로마의 적들이 대부분 문맹이었기 때문이다.

흥미로운 사실은 한 역사가도 이런 암호를 만들었다는 것이다. 그리스 역사가 폴리비오스Polybios(BC 200?~BC 118?)는 가로 5칸, 세로 5칸의 암호표에 있는 그리스 문자를 번호에 대응시키고 단어나 문장을 행렬의 번호로 치환해 암호로 만들었다. 쉽게 말하면, 알파벳의 좌표를 암호화한 것이라고 할 수 있다. 이 방식은 그리스 문자뿐만 아니라 여러 문자를 활용해 암호로 사용할 수 있다는 장점이 있다.

폴리비오스가 암호에 관심을 가졌던 것은 그의 경험과도 밀접한 연관이 있다. 그가 태어난 곳은 스파르타의 군사적 위협에 대항해 아르카디아 지역의 평화를 유지하기 위해 BC 370년에 결성된 아르카디아 동맹의 중요한 역할을 담당했던 메갈로폴리스였다. 당시 아르카디아 동맹은 민주주의 국가들의 생존과 번영을 위해서는 정치적, 군사적 위협에 대처할 수 있어야 한다는 것을 주된 원칙으로 삼고 있었다. 가장 좋은 방법은 중립을 지키는 것이었다. 이에 따라 폴리비오스는 기병 대장과 장군으로 활약하면서 메갈로폴리스의 정치적 독립을 지키기 위해 중립적인 태도를 취했다.

BC 167년 마케도니아가 로마에 패배하면서 수많은 아르카디아 사람들이 인질로 잡혀갔다. 여기에는 폴리비오스도 포함되어 있었다. 그는 제3차 포에니 전쟁 당시 카르타고 원정을 따라가기도 했다. 이 전쟁에서 카르타고를 완전히 파괴하고 5만 명 이상의 카르타고 시민을 노예로 팔았던 스키피오 아이밀리아누스가 폴리비오스로부터 가르침을 받았기 때문이다. 폴리비오스는 포에니 전쟁을 계기로 로마가 지중해 패권을 장악하는 제국으로 부상하는 과정을 지켜보면서, 제1차 포에니 전쟁부터 BC 144년까지의 로마 역사를 집필했다. 총 40권에 달하는 저서 《역사》에서 그는 로마가 지중해 세계를 지배할 수 있었던 이유를 정치 제도 때문이라고 분석했다.

《역사》에서 무엇보다 두드러지는 것은 폴리비오스의 정치철학이다. 그는 '정체순환'과 '혼합정체' 두 가지를 강조했는데, 정체순환은 쉽게 말하자면 로마 정치 제도의 역사와 변화를 설명하는 것이다. 건국 이후 BC 500년까지 로마는 왕정하에 총 7명의 왕이 통치했다. 마지막 3명의 왕은 에트루리아 출신으로 마지막 왕 타르퀴니우스 수페르부스Lucius Tarquinius Superbus는 전제적 통치를 시행했고, 그의 아들 섹스투스 타르퀴니우스Sextus Tarquinius는 친척인 콜라티누스Collatínus의 아내 루크레티아Lucretia를 겁탈했다. 결국 그녀가 자결하자 반란이 일어났고 왕정이 붕괴되고 공화정이 수립되었다.

렘브란트 하르먼스 판레인 Rembrandt Harmenszoon van Rijn,
〈루크레티아〉, 1664년 作.

루크레티아는 로마에서 에트루리아인을 몰아내는
중요한 계기로 작용했다.

폴리비오스는 초기 로마의 정치 체제를 '원시 군주정'이라고 불렀는데, 이 체제에서는 동물과 마찬가지로 인간 사회에서도 가장 강력한 사람이 권력을 가진다. 이후 공동체 구성원들 사이에서 연대감이 형성되면서 원시 군주정은 '왕정'으로 변화하지만, 능력이 부족한 군주에게 권력이 세습되면서 폭력과 공포가 난무하는 '참주정'이 시작된다. 그리고 이러한 폭정으로부터 벗어나기 위해 시민들의 지지를 바탕으로 반란을 일으켜 형성된 체제가 '귀족정'이다.

시간이 흐르면서 귀족정 역시 문제점을 노정하고 소수의 귀족이 권력을 쥔 '과두정'이 등장하게 된다. 이후 '민주정'이 도입되는 듯했지만 대중으로부터 인기를 얻기 위한 선동가들이 난무하면서 민주정이 '중우정'로 전락하게 되자 로마의 정치는 더욱 혼란스러워질 수밖에 없었다. 이렇게 여러 가지 단계를 거치면서 변화한 로마의 정치 체제는 다시 처음으로 돌아가 새롭게 반복된다. 그래서 폴리비오스의 정치 체제론을 '정체순환'이라고 부른다.

폴리비오스의 주장에 따르면 로마 정치는 원시 군주정과 왕정, 참주정, 귀족정, 그리고 과두정을 모두 경험했다. 그런데 민주정은 등장하지 않았다. 대신 공화정이 등장했다. 폴리비오스는 로마공화정이야말로 왕정과 귀족정 그리고 민주정의 요소를 모두 갖춘 체제라고 주장했다. 집정관이 최고 명령권과 지휘권을 가지는 것은 왕정에 해당하고, 원로원은 귀족정에 해당하며, 민회는 민주정의 성격을 가졌기 때문이다. 그는 이 세 가지 기구가 권력을 분배하고, 견제를 통해 균형을 이루는 '혼합정체'야말로 최고의 정치 체제라고 생각했다. 이러한 정치 체제를 갖추고 있기 때문에 폴리비오스에게 로마가 지중해 패권을 장악하는 것은 당연한 결과였다.

역사학자들은 폴리비오스가 《역사》를 통해 보여준 로마의 '혼합정체'가 오늘날 민주정치에도 많은 영향을 미쳤다고 평가한다. 니콜로 마키아벨리Niccolò Machiavelli(1469~1527)는 혼합정부의 장점을 강조했는데, 군주와 귀족 그리고 평민이 서로 견제한다면 정치 체제의 부패를 방지하고 갈등 속에서 문제를 해결할 수 있으며, 정치적 변화 속에서 유연하게 대응할 수 있다고 주장했다. 몽테스키외Charles de Montesquieu(1689~1755) 역시 행정부와 입법부 그리고 사법부라는 국가 권력을 분립해야 한다고 주장했는데, 이를 통해 독재를 예방하고 정치적 자유를 보장할 수 있다고 강조했다. 이러한 점에서 폴리비오스의 《역사》는 근대 정치에도 많은 영향을 미쳤다고 할 수 있다.

6일

오늘의 키워드
역사적 인물에 대한 기록

인간 중심의 합리적 사실만 기록한다

사마천과 《사기》

#기전체 #열전 #자료_수집

신이 내린 목소리로 엄청난 인기와 명성을 얻은 가수가 있었다. 그러나 그의 삶은 공허했다. 무대 뒤에서는 동료의 시기와 질투, 멸시가 난무했고 그를 아끼는 사람들 또한 인간이 아닌 명기로만 대했다. 그는 사랑하는 여성을 온전히 사랑할 수조차 없었다. 존경하는 작곡가와는 경쟁 관계에 있었기 때문에 형이 작곡가의 곡을 몰래 훔쳐 와 연습할 수 있도록 해주었다. 그는 이 곡으로 공연을 했고, 그를 경멸하던 사람들을 비롯해 수많은 사람들을 감동시켰다. 이에 작곡가는 더는 오페라를 작곡하지 않겠다고 선언한다. 1994년에 개봉해 많은 사람에게 충격을 준 영화 〈파리넬리〉의 내용이다.

야코포 아미고니 Jacopo Amigoni,
〈파리넬리와 친구들〉, 1750-1752년 作.

거세를 통해 미성을 유지했던
파리넬리의 모습을 그린 그림이다.

이 영화는 실존했던 성악가 파리넬리Farinelli의 일대기를 담았다. 파리넬리는 카스트라토castrato 성악가였는데, 카스트라토는 변성기가 되기 전에 거세해 소년의 목소리를 유지하는 남성 가수를 말한다. 16~18세기까지 유럽 교회나 오페라에서는 여성이 대중 앞에서 노래를 부를 수 없었기 때문에 여성의 음을 내는 카스트라토의 역할이 중요했다. 그만큼 많은 인기를 얻기도 했다. 19세기 이후 교회에서 비인간적인 행위를 금지하면서 카스트라토는 점점 감소했는데, 영화에서 파리넬리는 거세 후유증으로 아편 중독자가 된다.

인류 역사 속에서 거세의 기원은 오래전으로 거슬러 올라간다. 역사학자들에 따르면 전쟁 포로에게 시행한 것이 최초의 거세라고 한다. 대를 끊어 적을 절멸시키고, 적의 여성을 차지해 노예로 부리기 위해서였다. 중국에서 거세는 '궁형宮刑'이라 불렀는데, 사형과 발뒤꿈치를 자르는 월형刖刑, 코를 베는 의형劓刑, 얼굴이나 팔뚝 등의 살을 베어내고 죄명을 찍는 경형黥刑과 더불어 5대 형벌 가운데 하나였다. 궁형은 남성과 여성의 생식기에 가하는 형벌로서 남성은 생식기를 거세하고, 여성은 질을 없애 자손을 낳지 못하도록 했다. 궁형을 받은 남성은 환관으로 일하기도 했는데, 부를 위해 스스로 환관이 되는 사람들도 있었다.

오늘날 중국 산시성의 사관史官 집안에서 태어난 사마천司馬遷은 아버지의 뒤를 이어 역사서를 완성하는 것을 사명으로 생각했다. 견문을 넓히기 위해 전국을 답사했고, 무제武帝를 수행하면서 중국 내 여러 지역을 다녔다. 유학뿐만 아니라 천문학과 역학, 도가 사상까지 공부했는데 이렇게 얻은 지식과 정보는 그가 역사서를 집필할 때 많은 도움을 주었다.

BC 99년 흉노 토벌에 많은 공을 세웠던 이릉李陵 장군이 어쩔 수 없이 흉노에게 항복하자 사람들은 그의 처벌을 주장했다. 무제는 사마천에게 의견을 물었는데, 이릉을 변호했던 그의 대답은 무제를 분노하게 만들었다. 이릉이 흉노에서 관직을 받았다는 소문이 들리자 무제는 이릉의 가족을 몰살했고, 사마천을 감옥에 가두었다. 그리고 역적을 옹호했다는 이유로 그에게 사형을 선고했다. 당시 그는 역사서를 집필하던 중이었고, 목숨을 부지할 방법은 두 가지뿐이었다. 하나는 50만 전이라는 엄청난 돈을 내는 것이었고, 다른 하나는 궁형을 받는 것이었다. 결국 사마천은 궁형을 선택했고 감옥에서 풀려났다.

그가 치욕스러운 궁형을 선택한 이유는 단 한 가지, 집필하던 역사서를 완성하기 위해서였다. 이렇게 완성된 역사서가 바로《사기》다.《사기》는 중국의 전설 속 황제 시대부터 자신이 살았던 한나라까지 약 2,000년을 다룬 역사서로서 여러 왕조들의 탄생과 몰락에 따른 다양한 인물들을 그려냈다. 수많은 왕과 제후, 정치인, 상인, 학자 등의 삶이 바로《사기》에 고스란히 녹아 있는 것이다. 다시 말해

명나라 때 편찬한 《삼재도회三才圖會》에 실린
사마천의 초상화.

사마천의 초상화에는 수염이 없는데, 바로 궁형 때문이다.

사마천은 《사기》를 통해 중국 역사 속에 존재했던 개인의 삶을 최대한 객관적으로 서술하고, 그 속에서 인생의 본질을 보여주고자 노력했다.

《사기》는 130권으로 구성되어 있는데, 이를 집필하기 위해 사마천은 엄청난 양의 정보를 읽고 수집했다. 전국 각지를 유람하고 돌아다니면서 정보를 수집하는 것 외에도 그는 황실이 소장한 도서나 문서를 꼼꼼하게 열람했다. 사마천은 자신이 읽은 도서들에 대해 구체적으로 언급했는데, 무려 100종 이상으로 알려져 있다. 이와 더불어 그림이나 건축 등에서도 역사 자료들을 찾았다. 이렇게 그가 보고, 읽고, 경험한 모든 것은 《사기》를 집필하기 위한 자료로 활용되었다.

《사기》는 '기전체紀傳體'라는 특별한 형식을 취하고 있다. 기전체는 '기紀'나 '전傳', '지志', '표表' 등으로 구성하는 역사 서술 방식을 의미하는데, '기'는 제왕의 정치적 업적을 중심으로 왕조의 역사를 연월에 따라 기술하는 방식을 말한다. '전'은 각 시대의 유명한 인물들을 기록한 것을 말하며, '지'는 천문이나 경제, 법률 등 제도와 문화를 기록한 것이다. '표'는 각 시대의 흐름을 연표로 나타낸 것을 뜻한다. 기전체는 단순히 시간 흐름에 따라 서술한 것이 아니라 제왕을 중심으로 여러 시대의 인물과 정치, 경제, 사상, 문화 등을 함께 서술하기 때문에 특정 왕조에 대해 복합적으로 이해할 수 있다는 장점을 가진다.

《사기》에서 가장 중요한 부분은 〈열전列傳〉이라고 할 수 있다. 왕이나 제후 외의 인물에 대한 기록인데, 총 70권으로 《사기》 전체의 절반 이상을 차지한다. 사마천은 "정의롭게 행동하고, 공명을 세운 사람들의 일을 열전으로 지었다"라고 밝히고 있다. 〈열전〉에는 한 사람의 전기를 기록한 것도 있고, 사상이나 상황이 비슷한 여러 명의 전기를 묶은 것도 있다. 인물에 대한 객관적인 기록뿐만 아니라 옳고 그름에 대한 자기 생각을 서술한 것도 있고, 역사적 사실을 풍자한 부분도 있다. 따라서 《사기》는 과거에 있었던 객관적 사실을 있는 그대로 보여주는 역사서라고 보기는 어렵다.

그렇지만 〈열전〉의 취지에서 볼 수 있듯이 사마천은 특정 시대에 큰 영향을 미친 역사적 인물에 대한 기록을 남기는 것을 무엇보다 중요하게 여겼다. 그리고 그의 이러한 사관은 이후 여러 왕조에 걸쳐 지속되면서 중국의 역사서 집필에 많은 영향을 미쳤다. 《사기》 이후 대부분의 역사서들은 기전체를 따랐으며, 가급적 객관적으로 서술하고 인물을 자세하게 묘사하고자 했다. 이러한 점에서 《사기》는 중국 역사 서술의 전범典範이다.

7일

오늘의 키워드

신 중심의 역사관

두 개의 나라는 어떻게 대립하는가

아우구스티누스와 《신국론》

#지상의_나라 #인간의_나라 #유일신 #사랑과_진리 #영원한_나라

4세기까지 로마에는 여러 개의 종교가 공존하고 있었다. 대표적인 종교로는 크게 세 가지를 들 수 있는데, 고대 그리스에서 전해오는 신화와 황제를 신으로 숭배하는 사상, 그리고 디오니소스교를 비롯한 밀교다. 원래 로마에서는 '누멘Numen'을 믿었는데, 이는 세상 모든 곳에 존재하는 신이나 영혼으로서 사람들에게 복이나 저주를 내렸다고 한다. 이후 그리스 문학을 접하면서 인간과 비슷한 생활을 하는 신을 수용해 12명의 신이 등장하게 되었다.

이렇게 여러 종교가 공존하는 상황 속에서 기독교가 등장했고, 이를 믿는 사람들의 수가 급증했다. 기독교인들은 예수를 구원자로

위베르 로베르 Hubert Robert,
〈불타는 로마〉, 1785년 作.

로마에서 발생한 화재는
기독교를 탄압하는 중요한 계기로 작용했다.

여기면서 황제를 신으로 숭배하라는 로마제국의 명령을 거부했고, 로마의 생활 방식도 따르지 않았다. 결국 로마제국은 기독교인들을 탄압하기 시작했는데, 그 박해는 64년부터 311년까지 약 250년 이상 지속되었다.

64년 7월 18일, 로마에서 대화재가 발생했다. 불은 언덕과 주거 지역으로 번졌고 9일 동안 로마 시내가 불타올랐다. 14개 행정구역 가운데 3개는 완전히 불타버렸고 7개는 반쯤 불타버렸다. 당시 로마제국은 5대 황제 네로Nero Claudius Caesar Augustus Germanicus(재위 54~68)가 통치하고 있었다. 네로는 어머니 아그리피나Julia Agrippina Minor의 정적 독살 덕분에 황제가 될 수 있었다. 그는 자신을 황제보다는 예술가라고 생각했기 때문에 연설 후 리라를 켜면서 시를 읊거나 노래를 불렀고, 이에 환호하는 대중에게 수많은 돈을 뿌려댔다. 올림픽을 모방한 축제를 열었고, 전차 경주나 검투사 시합 등을 열어 대중에게 오락거리를 제공했다. 또한 속주에서 로마로 들어오는 물품에 부과되는 관세를 폐지하고, 노예에게는 주인을 고소할 수 있는 권리를 부여했다. 대중을 위한 정책들을 시행했기 때문에 초기에 네로의 인기는 상당했다.

그러나 자신의 어머니를 살해하고, 로마에서 발생한 화재를 진압하는 과정에서 네로의 인기는 급속도로 하락했다. 당시 로마에서는 네로가 새로운 도시를 건설하려고 일부러 방화를 저질렀다는 소문이 난무했다. 여러 역사가의 저서에는 네로가 불타는 로마를 보면서 시를 읊었다는 이야기가 등장한다.

화재로 모든 것을 잃은 사람들 사이에서 이 소문이 급속히 확산되자 네로는 새로운 희생양을 찾았다. 바로 기독교인들이었다. 그는 바티칸의 대경기장에서 기독교인들을 공개적으로 처형함으로써 대중의 시선을 사로잡고자 했다. 기록에 따르면 당시 기독교인 순교자는 약 200~300명에 달한다. 짐승에게 물려 죽은 사람도 있었고, 십자가에 못 박혀 처형되거나 산 채로 화형당한 사람들도 있었다. 그렇지만 황제를 둘러싼 소문은 쉽게 가라앉지 않았고, 결국 네로는 로마 역사상 가장 악명 높은 황제가 되었다.

이렇듯 초기에 기독교는 로마제국 내에서 심한 탄압을 받았다. 로마의 평화 시대를 이끌었던 5현제 중 한 사람이자 《명상록》의 저자로도 잘 알려진 마르쿠스 아우렐리우스Marcus Aurelius Antoninus(재위 161~180) 황제 역시 기독교를 박해했다. 사실 오랫동안 로마는 다신교를 믿었고, 종교적 다양성을 인정했기 때문에 종교와 관련해서는 상당히 관용적이었다. 그러나 이는 로마의 질서와 이념을 부정하지 않는 범위 내에서만 가능한 것이었다. 다시 말해 종교적 관용이란 로마가 지중해 패권을 장악하는 데 필요한 일종의 정책이었고, 특정 신앙이나 종교가 로마에 위협적이라고 판단되면 배척의 대상이 되었다.

하지만 시간이 흐르면서 기독교는 더욱 널리 확산되었고, 313년

줄리오 로마노 Giulio Romano,
〈밀비우스 다리 전투〉, 1520-1524년 作.

콘스탄티누스는 꿈에서 본 계시를 충실히 따라
밀비우스 다리 전투에서 승리했다.

에 콘스탄티누스 1세Constantinus I(재위 306~337)는 '밀라노 칙령'으로 로마제국 내 기독교를 공인했다. 그는 자신의 정적 막센티우스Maxentius와의 전쟁 당시, 노을 진 하늘에서 거대한 십자가를 보았다. 그리고 그날 밤 꿈에 예수가 나타나 기독교 표시가 그려진 깃발을 들고 진격하라는 예언을 했다. 그 예언을 따라 콘스탄티누스는 티베르강 밀비우스 다리 위에서 적군을 물리쳤고, 로마로 돌아간 그는 기독교로 개종했다. 그리고 380년에 테오도시우스 1세Theodosius I(재위 379~395)는 기독교를 로마제국의 국교로 공인했다. 이후 1,000년 이상 기독교는 유럽 사회를 지배했다.

기독교가 지배하는 중세 문화가 탄생할 수 있게 한 사람은 바로 아우구스티누스Aurelius Augustinus(354~430)였다. 북아프리카에서 태어난 그는 젊은 시절에 방탕한 생활을 하고 다른 종교에 심취하기도 했지만, 결국 기독교로 개종했다. 아우구스티누스는 신과 영혼에 많은 관심을 가졌는데, 그에게 신은 영혼에 존재하는 진리의 근원이었다. 그는 인간이 신의 은총 덕분에 선한 행위를 할 수 있고, 신에게서 벗어나기 때문에 악을 행한다고 생각했다. 아우구스티누스에게는 신의 섭리를 거부하는 것이야말로 죄의 본질이었다.

413년 아우구스티누스는 《신국론》을 내놓았다. 당시 로마제국은 게르만족의 이동과 서고트족의 침입으로 위기에 직면해 있었다. 많은 사람이 제국의 위기를 기독교 때문이라고 비난했다. 이에 대해 아우구스티누스는 로마의 전통 신앙은 쾌락을 추구하기 때문에 인간이 도덕적으로 타락할 수밖에 없다고 말하며, 기독교에서는 신이 인간을 축복하고 영원한 생명을 부여하므로 기독교의 유일신을 믿어야 한다고 주장했다.

특히 아우구스티누스는 로마제국의 정치적, 종교적, 도덕적 위기를 극복하려는 차원에서 하나님의 나라와 지상의 나라를 비교했다. 그에게 지상의 나라는 자신만을 사랑하기 때문에 영원한 가치와 진리를 외면하고 소멸하는 공동체였고, 하나님의 나라는 영원한 하나님에 대한 사랑과 진리를 추구함으로써 도덕적으로 완성된 공동체였다. 따라서 지상의 나라에 속한 사람들은 탐욕을 채우기 위해 전쟁을 벌이지만, 하나님의 나라에 속한 사람들은 지상의 나라에 속한 사람과 달리 세상의 가치를 따르지 않고 영원한 나라를 향해 자신의 길을 걸어간다는 것이다.

《신국론》에서 아우구스티누스는 지상의 나라와 하나님의 나라가 창조되고 타락하며 멸망하는 직선 사관을 보여준다. 이러한 관점으로 인류 역사를 기술함으로써 그는 역사의 주체를 인간이 아닌 하나님에게 두었다. 아우구스티누스의 직선 사관에서 영향을 받아 유럽에서는 신 중심의 획일적이고 절대적인 역사관이 오랫동안 지속되었고, 그 결과 역사적 사건을 다양한 시각과 관점에서 해석하는 시도는 근대 이후에 등장할 수밖에 없었다.

8일

오늘의 키워드

프랑크 왕국의 역사

중세 최초의 전기를 쓰다

아인하르트와 《샤를마뉴의 생애》

#카롤루스_대제 #정복_전쟁 #경제_부흥 #학문_부흥 #기독교_수호

이스파니아는 로마제국이 이베리아반도를 지칭할 때 사용했던 명칭이다. 프랑크 왕국은 이 지역으로 원정을 나갔고, 이스파니아 왕이 항복하자 교섭 사절단으로 보낼 사람을 물색하고 있었다. 롤랑Roland은 자신의 의붓아버지를 추천했는데, 이에 앙심을 품은 의붓아버지는 12명의 팔라딘paladin을 제거하면 이스파니아와 프랑크 왕국 사이에 평화를 유지할 수 있다고 이스파니아 왕을 회유했다. 이들 사이의 전쟁에서 팔라딘의 영웅다운 죽음을 상세하게 묘사한 것이 바로 〈롤랑의 노래〉다. 〈롤랑의 노래〉는 총 4,000행으로 이루어져 있으며 구어로 전해 내려왔다. 팔라딘은 프랑크 왕국의 가장 뛰어난

빌헬름 폰 카울바흐 Wilhelm von Kaulbach,
〈카롤루스의 대관식〉, 1861년 作.

카롤루스가 신성로마제국의 황제가 되는 장면을 그린 것이다.

전사들을 말하는데, 바로 카롤루스 대제Carolus Magnus(재위 768~814)의 궁정 기사였다.

카롤루스의 아버지 피핀Pippin은 쿠데타를 일으켜 왕이 되었다. 그리고 로마 교황이 쿠데타를 승인해준 것에 대한 보답으로 754년 프랑크군을 이끌고 이탈리아를 침입한 랑고바르드(롬바르드) 왕국을 무찔렀다. 이탈리아 북부의 파비아를 수도로 삼았던 랑고바르드 왕국은 당시 교황령과 이탈리아 남부 일부 지역을 제외하고 이탈리아반도를 지배하고 있었다. 이후 아버지의 뒤를 이어 왕이 된 카롤루스는 768년에 랑고바르드 왕국을 멸망시켰고, 로마를 방문해 교황에게 예우를 갖추었다. 그는 재위 동안 끊임없이 전쟁을 치렀는데, 그 결과 프랑크 왕국의 영토가 두 배 이상 확대되었다.

800년에 교황 레오 3세Leo III는 서로마제국의 황제관을 카롤루스에게 수여했다. 역사학자들에 따르면 이는 교회와 프랑크 왕국의 이해관계가 서로 일치했기 때문이었다. 당시 교회는 동로마제국과 갈등을 겪고 있었다. 레오 3세가 그리스도나 성모 마리아, 순교자 등의 성상 숭배를 금지했기 때문이다. 원래 기독교에서는 성상이나 성화상 숭배를 이단으로 간주했지만, 4세기 이후 성상 숭배 관습이 퍼지기 시작했다. 레오 3세는 수도원을 억압하고 교황의 권위를 확대하기 위해 성상 파괴를 명령했고, 이에 로마제국 내 여러 교회가 항의하면서 논쟁이 일었다. 한편 카롤루스는 프랑크 왕국의 팽창과 더불어 지속적으로 발생하는 침략과 반란을 효과적으로 억누르기 위해 교회와 로마제국의 권위가 필요하다고 생각했다. 이런 정황하에 레오 3세가 카롤루스를 서로마제국의 황제로 인정했던 것이다.

전해지는 기록에 따르면 카롤루스는 문맹이었다. 글을 배우려고 노력했지만 결국 배우지 못했다고 한다. 그래서 그는 프랑크 왕국의 문맹 퇴치에 관심이 많았다. 8세기 말부터 카롤루스는 유럽의 유명한 인재들을 불러 모으기 시작했다. 역사학자와 언어학자, 신학자들을 초빙했고 법학과 천문학, 논리학 등을 배웠다. 이렇게 명망 있는 학자들로 구성된 지식인 모임이 바로 '팔라틴 아카데미Académie palatine'다. 이 아카데미에서 많은 지식인이 배출되었는데, 이들이 프랑크 왕국의 문화 부흥에 큰 역할을 했고 이 시기를 '카롤링거 르네상스'라고 부른다.

아카데미 설립 외에 카롤루스는 학교 설립에도 관심을 가졌다. 789년에는 법령으로 학교를 설립하고 지적 수준이 높은 성직자를 교육하는 것을 목적으로 삼았다. 당시 학교에서는 문학과 과학을 가르쳤는데 문학에는 수사학과 논법, 문법론이 포함되었고, 과학에는 산수와 천문학, 기하학 그리고 음악이 포함되어 있었다. 이 일곱 과목은 이후 중세 대학의 기본 교과과정에도 많은 영향을 주었다.

아카데미와 학교 설립과 더불어 카롤루스는 출판 문화 진흥에도 많은 관심을 가졌다. 당시 모든 문서와 저서들은 라틴어로 쓰였는데,

상당수의 문서나 저서들에 표기가 틀린 부분이 있었다. 이에 카롤루스는 틀린 단어나 표기를 바로 잡는 수정 작업을 지시했고, 로마의 고전과 성경 등 수많은 저서를 필사하는 작업도 추진했다. 이렇게 만들어진 저서들은 수도원에서 보관했는데, 수도원의 규모에 따라 적게는 수십 권에서 많게는 수백 권까지 소장했다. 이 저서들을 통해 수도사들은 지식을 축적할 수 있었고, 이는 카롤링거 르네상스가 부흥하는 데 중요한 토대로 작용했다.

문화적 부흥뿐만 아니라 카롤루스 시대에 서유럽은 경제적으로도 번성했다. 7세기 중반 프랑크 왕국의 인구는 약 750만 명 정도로 추정되며, 라인강을 중심으로 지중해와 북해까지 교역 네트워크가 형성되어 있었다. 이와 같은 네트워크 속에서 시장이 열리고 도시가 번성했으며, 사람과 상품의 이동이 빈번하게 발생했다. 경제가 활성화되자 카롤루스는 화폐를 개혁했다. 당시 이슬람 세력이 지중해 남쪽 지역을 장악하면서 금이 귀해졌기 때문에 금 대신 은을 화폐로 사용했고 그가 발행한 화폐는 프랑크 왕국을 넘어 지중해의 여러 지역과 잉글랜드에서도 사용되었다.

카롤루스는 자신이 정복한 여러 지역에 선교사를 보내 기독교를 전파했는데, 그에게 교회는 매우 중요했다. 교황의 지지를 얻었기 때문만이 아니라 당시 다신교를 믿고 있던 게르만족을 유일신을 믿는 기독교로 통합하려는 목적을 가지고 있었기 때문이다. 이를 위해 그

알브레히트 뒤러 Albrecht Dürer,
〈카롤루스 대제 초상화〉, 1511–1513년 作.

카롤루스 대제는 끊임없는 정복 전쟁과 학문과 경제 부흥, 기독교 수호 등을 통해
프랑크 왕국을 유럽에서 가장 강력한 왕국으로 부상시켰다.

는 교회에 많은 토지를 기증했고, 아헨 대성당을 비롯해 많은 건축물을 지었다.

샤를마뉴(카롤루스 대제의 프랑스어 이름)의 수많은 업적을 매우 자세히 기록한 프랑크 왕국의 한 역사가가 있다. 샤를마뉴의 신임을 받았고 팔라틴 아카데미 회원이기도 했던 아인하르트Einhard(770?~840?)는 830년부터 샤를마뉴의 전기인 《샤를마뉴의 생애》를 집필하기 시작했다. 그는 간결하면서도 생동감 있는 문체로 샤를마뉴의 업적에 대해 정확하게 기록했다. 중세 최초의 전기이기도 한 그의 저서는 당대에 관한 가장 중요한 사료 가운데 하나로 남아 있다.

아인하르트의 전기는 단순히 샤를마뉴의 생애와 업적을 기술하는 것에만 그치지 않는다.《샤를마뉴의 생애》를 통해 그는 샤를마뉴의 시대를 황금기로 부각시켰다. 당시 샤를마뉴는 유럽 전역에서 가장 위대한 왕이었고, 끊임없는 정복 전쟁과 학문과 경제 부흥, 기독교 수호 등을 통해 프랑크 왕국을 유럽에서 가장 강력한 왕국으로 부상시켰다. 샤를마뉴 사후, 오늘날 프랑스나 독일, 이탈리아 등 서유럽의 여러 국가가 프랑크 왕국으로부터 기원했다는 사실을 보면, 그야말로 서유럽의 탄생은 샤를마뉴 시대로 거슬러 올라갈 수밖에 없다. 이는 서유럽의 여러 국가가 정치적 정통성을 프랑크 왕국과 샤를마뉴로부터 찾는 이유이자, 아인하르트의 저서가 역사적으로 중요성을 가지는 이유이기도 하다.

오늘의 키워드
고대 영어의 역사

영어는 어떻게 시작되었을까?

베다 베네라빌리스와 《영국민의 교회사》

#불가타_성경 #영어_번역본 #교회_역사

소년은 어렸을 때 아버지와 함께 간 연회에서 한 소녀를 만났고, 그녀의 아름다움에 반해버렸다. 18세에 길에서 우연히 그녀를 다시 만나 인사를 나눴는데, 이것이 두 번째 만남이었다. 하지만 그는 부모가 정해준 약혼자와 결혼했고, 여성 역시 다른 남성과 결혼했다. 이후 한 모임에서 세 번째로 그녀를 만났는데, 그녀를 본 그는 그만 몸의 중심을 잃고 쓰러진다. 이런 모습을 본 그녀가 다른 여성들과 함께 웃자 그는 자신이 쓰러진 이유에 대해 편지를 보냈지만, 그녀에게서는 아무런 답이 없었다. 그가 그녀를 만난 것은 딱 세 번이었지만, 그는 평생토록 그녀를 짝사랑했다. 바로 베아트리체Beatrice를 향

헨리 홀리데이 Henry Holiday**,**
〈단테와 베아트리체〉, 1883년 作.

단테가 베아트리체를 두 번째 만났을 때를 그린 장면이다.

한 단테Alighieri Dante(1265~1321)의 사랑이다.

단테가 살았던 14세기 이탈리아는 매우 혼란스러웠다. 특히 피렌체에서는 교황과 황제 사이에 권력 다툼이 빈번했는데, 단테는 교황을 지지하는 무리에 속했다. 정계에 입문한 그는 피렌체 최고위원으로 재직하면서 분란을 일으켰던 사람들을 추방한 일로 원한을 사게 되었고, 교황의 요청으로 프랑스 군대가 피렌체로 쳐들어오자 이를 막기 위해 로마로 향했다. 하지만 그가 로마에 머무르는 사이 프랑스 군대가 피렌체에 입성하면서 반대파가 세력을 장악했고, 단테는 유죄 선고를 받고 여러 지역을 떠돌아다녔다. 이 시기에 그가 저술한 것이 바로 《신곡》이다.

《신곡》은 단테가 화자가 되어 자신의 여행을 그려나간다. 인생의 위기를 느낀 그 앞에서 육욕과 교만, 탐욕을 상징하는 야수가 길을 막자 로마 최고의 시인 베르길리우스Publius Vergilius Maro(BC 70~BC 19)가 그에게 자신과 함께 여행할 것을 권한다. 이들은 가장 먼저 지옥에 도착하는데, 지옥은 악마가 하늘에서 쫓겨나면서 땅속 깊이 만들어놓은 곳으로서 9개의 영역으로 이루어져 있다. 놀랍게도 여기에는 소크라테스Socrates와 플라톤Platon, 히포크라테스Hippocrates 등 훌륭한 학자들이 있었는데, 그들은 기독교가 유럽에 전파되기 전에 태어났기 때문에 이곳에 오게 되었다. 또한 클레오파트라 7세Cleopatra VII와 교황 니콜라우스 3세Nicolaus III, 브루투스Marcus Junius Brutus 등도 지옥에 있었다.

지옥에서 3일 동안 머문 단테는 9단계의 연옥으로 들어간다. 이곳은 낙원에 가기 위해 필요한 도덕성을 기르는 곳으로서 사람들은 낙원으로 가기 위한 분명한 목표를 가지고 있다. 교만과 질투, 분노, 육욕, 인색, 탐식, 게으름이라는 일곱 가지 죄로부터 하나씩 해방되면서 단테는 드디어 낙원에 도착하고, 그곳에서 자신이 짝사랑하던 베아트리체를 만난다. 여기에서 단테는 베르길리우스와 헤어지고 베아트리체의 안내를 받으면서 여행을 계속한다. 마지막에 도착한 곳은 신의 나라로서 가장 순수한 영혼의 빛이 비칠 때 그 여행은 비로소 끝나고 단테는 지상으로 돌아오게 된다.

단테의 《신곡》에는 약 600명 이상의 역사적 인물들이 등장한다. 왕과 교황, 제후, 학자, 범죄자, 친구, 친척 등이다. 이들은 시대나 지역과 상관없이 등장하는데, 《신곡》에 유일하게 등장하는 잉글랜드인은 베다 베네라빌리스Beda Venerabilis(673?~735)다. 베다는 잉글랜드 선덜랜드에 위치한 성베드로 수도원에서 수도한 신학자이자 역사가다. 그는 라틴어 불가타Vulgata 성경을 한 권으로 다시 편집했는데, 불가타 성경이란 새 라틴어 성경을 말한다.

4세기 말 제37대 교황 다마수스 1세Damasus I는 로마 교회의 대주교로 임명되면서 교회를 수호하는 것이 가장 중요한 일이라고 생각했다. 다마수스 1세는 기독교가 로마제국의 국교로 인정되는 데 중

도메니코 디 미켈리노 Domenico di Michelino,
〈단테의 신곡〉, 1465년 作.

15세기에 활동한 이탈리아 화가 도메니코가
단테와 《신곡》의 세계관을 그림으로 표현한 것이다.

요한 역할을 했고, 그의 개혁 덕분에 라틴어는 기독교의 중심 언어가 되었다. 당시 성경의 라틴어 번역본은 여러 사람들이 번역해서 용어에 통일성이 없었기 때문에 상당히 복잡했다. 그러므로 공용 라틴어 성경 번역본은 교회 신앙을 유지하기 위해서는 무엇보다도 중요한 과업이었다.

이에 다마수스 1세는 자신의 비서 히에로니무스Eusebius Hieronymus에게 구약 성경과 신약 성경을 정확한 라틴어로 번역하도록 시켰고, 이 지시를 받아 히에로니무스는 헬라어(고대 그리스어)로 된 성경을 라틴어로 직접 번역해 불가타 성경을 편찬했다. 이는 원문에 충실하고 정확했으며, 대중이 쉽게 읽을 수 있는 라틴어로 쓰여서 5세기 이후 기독교 사회에 널리 확산되었다. 그리고 1546년 트리엔트 공의회에서 불가타 성경이 공식적 성경으로 공인되었다. 불가타 성경은 39권의 구약 성경과 27권의 신약 성경, 그리고 10권의 제2경전으로 총 76권으로 구성되어 있는데, 이를 한 권으로 재편집한 것이 바로 베다의 번역본이다. 베다의 번역본은 16세기 초 종교개혁이 발생할 때까지 서유럽 교회에서 공식적으로 사용되었고, 로마가톨릭 교회에서는 1966년까지 사용한 것으로 알려져 있다.

보다 중요한 점은 베다가 이 번역본의 일부를 앵글로색슨어, 즉 고대 영어로 번역했다는 것이다. 비록 이 번역본은 현재 전해지지 않지만, 베다가 가장 마지막으로 집필한 저서가 요한복음서의 고대 영어 번역본이라고 한다. 이러한 점에서 베다의 성서 번역 작업은 라틴어에서 고대 영어가 갈라져 나와 오늘날의 영어로 발전하는 데 중요한 전환점을 제공해준 것으로 볼 수 있다.

불가타 성경 편집본 외에도 베다는 《영국민의 교회사》를 집필했다. 이는 8세기 초에 쓰인 역사서로서 잉글랜드 교회의 역사를 서술한 것으로, 성상 숭배 문제를 둘러싸고 교회가 동로마와 서로마로 분열되기 전의 로마 전례에 대해 설명하고 있다. 로마 전례는 로마 교구에서 시행하는 기독교 전례 양식 가운데 하나로서 사제의 동작이나 움직임 등에 대해 매우 세세하게 규정한다.

이와 더불어 베다는 저서에서 켈트 기독교에 대해서도 다룬다. 켈트 기독교는 광범위하게는 켈트인들이 믿었던 기독교를 의미하지만, 좁게는 아일랜드와 브리튼에서 믿었던 기독교로서 로마 전례와는 구분되는 전례와 전통이 존재했다. 지역적인 특징이 반영된 것으로서 수도승의 삭발 스타일이나 고행 시스템 등이 대표적이다. 그러나 시간이 흐르면서 켈트 기독교의 이러한 차별화된 특징은 점점 기독교화되어 사라졌다.

베다의 《영국민의 교회사》는 무엇보다도 잉글랜드 역사를 살펴보는 데 중요한 1차 사료다. 비록 라틴어로 쓰였지만, 잉글랜드 교회의 역사 속에서 잉글랜드인의 정체성과 국가 형성 과정을 살펴볼 수 있기 때문이다. 그래서 많은 역사학자는 그를 '잉글랜드 역사의 아버지'라고 부른다. 또한 그는 역사나 종교뿐만 아니라 당대 유행했던 자연과학과 음악을 다룬 저서들도 집필했는데, 이를 통해 여러 분야에 걸쳐 지식을 쌓은 전인적인 역사가였음을 짐작해볼 수 있다.

오늘의 키워드
프랑스 왕실의 역사

중세 프랑스의 역사 서술은 어떻게 시작되었을까?

뱅상 드 보베와
《역사보감》

#자연철학 #스콜라철학 #왕실_옹호 #국가사_정립

13세기 말부터 세속 권력이 커지면서 왕은 교황보다 우위를 점하게 되었다. 1305년 교황으로 선출된 클레멘스 5세Clemens V는 프랑스 왕의 간섭을 받았고, 로마로 돌아가지 못한 채 프랑스 아비뇽에 체류했다. 이를 계기로 교황권이 몰락하기 시작했는데, 1378년 로마 교회에서 우르바누스 6세Urbanus VI가 교황으로 선출되자 프랑스는 이에 불만을 가지고 클레멘스 7세Clemens VII를 교황으로 선출해서 아비뇽 교황청을 유지했다. 결국 교회가 분열하게 된 것이다.

이렇게 교회가 분열된 시기에 교회 내부에서도 수많은 갈등이 있었다. 1327년 아비뇽 교황 요한네스 22세Johannes XXII의 사절단과 교

아우구스트 폰 크렐링 August von Kreling,
〈루트비히의 황제 대관식〉, 1860년 作.

루트비히 4세는 교황으로부터 파문당했고,
교황의 대관 없이도 황제가 될 수 있다고 주장했다.

황과 끊임없이 충돌하는 신성로마제국 황제 루트비히 4세Ludwig IV의 사절단이 만날 예정이었다. 이탈리아 북부에 위치한 베네딕트 수도회에서 예정된 이 모임에 수도사 윌리엄과 아드소가 참석했는데, 이들이 도착한 다음 날 살인 사건이 발생했다. 이후 살인 사건이 계속 발생했고, 수도원에서는 이단을 둘러싼 끔찍한 논쟁이 발생했다.

결국 수도원의 밀실에 들어간 윌리엄은 아리스토텔레스Aristoteles의 《시학》 2권에 등장하는 이교도의 웃음이 삶의 진리가 될 수 있음을 부정하는 장님 수도사 호르헤를 만났고, 그가 이 사건의 범인임을 알게 된다. 호르헤는 장서관과 수도원을 불태워버리고, 가까스로 살아남은 윌리엄과 아드소는 수도원을 떠난다. 시간이 흘러 아드소는 다시 이탈리아에 가게 되었고 수도원을 방문했다. 폐허가 된 수도원에서 양피지 몇 조각을 주운 그는 문장들을 읽고 해석했지만, 도무지 진리를 알 수 없는 세상에 회의만 느꼈다. 그러면서 "예전의 장미는 그 이름일 뿐, 우리에게는 그 이름들만 남아 있을 뿐"이라고 읊조리며 자신의 수기를 마무리한다.

1980년 이탈리아에서 처음 출판된 움베르토 에코Umberto Eco(1932~2016) 《장미의 이름》의 내용이다. 에코는 소설의 무대인 멜크 수도원에서 발견된 14세기의 수기를 우연히 얻게 되었고 부에노스아이레스의 한 고서점에서 그 수기의 내용을 인용한 이탈리아어 저서를 발견하면서 아드소가 실제로 존재했던 인물임을 확신했다. 에코는 수기의 내용과 배경을 활용해 집필했는데, 소설에는 다음과 같은 문장이 등장한다. "뱅상 드 보베의 말처럼 이 세상의 소박한 아름다움이 사실은 얼마나 고귀한 것이며, 우주에 어울리게 갖추어진 온갖 사물의 꼴과 수와 냄새, 태어난 것의 죽음으로 확인되는, 생성과 소멸을 통한 시간의 주기에 대한 통찰이 이성의 눈에 얼마나 아름답게 비쳤던가."*

뱅상 드 보베Vincent de Beauvais(1190?~1264)는 프랑스의 스콜라 학자다. 스콜라철학이란 이성을 통해 기독교 신앙을 체계적으로 정리하고 이를 입증하려는 중세 철학을 말한다. 종교뿐만 아니라 정치나 경제, 문화 등에도 많은 영향을 미쳤기 때문에 스콜라주의라고 불리기도 한다. 원래는 중세 수도원 학교에서 시작되었는데, 당시에는 수도원을 통해 성직자를 교육하고 양성했기 때문이다. 다시 말해 이 시기에 수도원은 중세 신앙과 학문이 발전하는 온상이었다.

스콜라철학은 수도원이나 대학을 넘어 유럽 전역에 광범위한 영향을 미쳤다. 이렇게 스콜라철학이 초국가적 영향을 미칠 수 있었던 가장 중요한 원인은 라틴어였다. 당시 많은 지식인은 라틴어를 공용어로 사용했기 때문에 민족이나 지역에 상관없이 활발한 지적 교류를 해나갈 수 있었다. 보베를 비롯한 많은 스콜라 학자들은 이탈리

* 움베르토 에코 지음, 이윤기 옮김, 《장미의 이름》, 열린책들, 2006년, p. 506.

안토니 반 다이크 Anthony van Dyck,
〈다이달로스와 이카로스〉, 1615–1625년 作.

다이달로스가 발명한 날개를 달고 하늘을 나는
이카로스의 모습을 그린 것이다.

아와 잉글랜드, 프랑스 등 여러 국가들을 자유롭게 이동하면서 활발한 강연과 토론을 벌였다.

이러한 강연과 토론은 무엇보다도 고전 문헌의 번역 작업과 밀접한 관련성을 가지고 있다. 12세기 이후 유럽에서는 그리스 철학자들의 사상을 번역하는 작업이 활발했는데, 이러한 철학 사상이 스콜라철학에 많은 영향을 미쳤다. 특히 아리스토텔레스의 자연철학은 스콜라철학이 신학으로부터 독립된 연구 분야로 발전하는 데 중요한 토대가 되었다. 이후 경험론이나 실재를 부정하는 유명론唯名論 혹은 신비주의가 등장하면서 다양한 학문 경향을 보인다.

자연철학이 스콜라철학에 영향을 미쳤다는 사실은 보베의 저서에서도 잘 드러난다. 그가 집필한 《역사의 거울》은 일종의 백과사전이었는데, 여기에는 흥미로운 기록이 등장한다. 바로 인간이 하늘을 날았다는 것이다. 하늘을 날고 싶어하는 인간의 욕망은 아주 오래전부터 존재했다. 그리스신화에서 다이달로스Daedalus는 반인반수의 괴물인 미노타우로스Minotauros를 가둘 미궁을 만들었다. 이 미궁은 입구는 하나였지만, 수많은 통로가 얽혀 있어 다시는 밖으로 나올 수 없었다. 미궁을 완성한 후 비밀이 새어 나가지 않도록 그는 탑에 갇혔는데, 섬을 빠져나가기 위해 그는 자신과 아들 이카로스Icarus의 어깨에 날개를 만들어 붙였다. 하지만 하늘 높이 올라간 이카로스는 태양의 뜨거운 열기 때문에 날개의 밀랍이 녹아 바다에 떨어지고 말았다.

잉글랜드에서는 10세기 베네딕트 수도회의 수도사 에일머가 손과 발에 날개를 달고 수도원 탑에서 비행했던 이야기가 전해졌다. 이 이야기는 시간을 거쳐 여러 지역으로 전해졌다가 보베가 집필한 《역사의 거울》에도 등장한다. 이제 인간이 하늘을 날았다는 이야기는 허황된 신화나 전설이 아니라 믿을 만한 근거를 가진 역사적 기록으로 남게 되었다.

보베는 《역사의 거울》 외에도 《역사보감》을 집필했다. 《역사보감》은 원래 13세기 탁발수도회 수도승들을 위한 교재로 집필했지만, 후일 루이 9세Louis IX의 후원을 받아 여러 차례 개정을 거치면서 프랑스 왕실을 옹호하는 역사서가 되었다. 이 저서에서 보베는 13세기 역사 서술의 방식이나 역사관, 스콜라철학 등을 서술했고, 당시 프랑스 지식과 문화에 대해서도 설명했다. 이러한 점에서 보베의 저서는 13세기 프랑스의 과거를 보여주는 중요한 역사 사료일 뿐만 아니라, 국가사가 정립되는 과정 역시 잘 보여준다. 또한 역사 서술을 통해 당시 중세 역사가들이 과거를 어떻게 이해하고 현실 속에서 재현하고자 했는지를 보여주는 귀중한 자료라고 할 수 있다.

11일

오늘의 키워드
피렌체의 역사

피렌체의 영광을 서술하다

레오나르도 브루니와 《피렌체 사람들의 역사》

#조화와_단합 #로마_공화정 #고대_역사_서술 #근대_역사_서술

13세기 말 지역 부호의 집에 임종을 지키기 위해 친척들이 모였다. 모인 사람들은 겉으로는 모두 슬퍼했지만, 실제로 그들의 머릿속에는 막대한 유산에 대한 생각뿐이었다. 그런데 부호가 전 재산을 수도원에 기증했다는 소문이 돌았다. 결국 부호는 숨을 거두었고, 친척들이 가까스로 찾아낸 유언장에는 실제로 모든 재산을 수도원에 기증하겠다는 내용이 적혀 있었다. 친척들은 모두 실망했지만, 유언장을 찾은 리누치오는 이 문제를 피렌체를 위해 많은 공헌을 한 잔니 스키키와 상의하자고 제안했다. 하지만 친척들은 그가 시골에서 온 졸부라고 흉을 보면서 동의하지 않았다. 이에 리누치오는 다음과 같은 노래를 부른다.

> 피렌체는 꽃피는 나무와 같죠.
> 잎새는 시뇨리 광장에 있지만 그 뿌리는 맑고
> 비옥한 계곡으로부터 새로운 생기를 빨아들이죠.
> 별들까지 닿을 듯한 장엄한 대저택과
> 매끈한 탑들과 더불어 피렌체는 꽃핍니다.
> [중략]
> 그처럼 여기저기에서 모여든 여러 예술가들과 과학자들이
> 피렌체를 풍요롭고도 화려하게 만들지요.
> [중략]
> 새로 온 이주민들과 잔니 스키키여, 영원하라!

이 노래에서 리누치오는 피렌체의 성당과 두오모 광장의 종탑을 설계한 예술가들, 그리고 이들을 후원한 메디치 가문을 찬양한다. 노래를 통해 타 지역 출신인 잔니 스키키를 찬양하고, 이와 동시에 예술과 문화의 중심지로서 피렌체의 자부심을 드러내고 있다. 이탈리아 작곡가 자코모 푸치니Giacomo Puccini의 오페라 〈잔니 스키키〉의 내용이다. 여기에 등장하는 잔니 스키키는 단테의 《신곡》에도 등장하는데, 부호의 유언장을 위조한 죄로 지옥에 떨어졌다.

14세기 후반부터 유럽에서는 학문 또는 예술의 부활 운동인 르네상스가 발생했다. 가장 중요한 가치는 고대 그리스와 로마의 전통 회복이었다. 16세기 말 피렌체 귀족 조반니 데 바르디Giovanni de' Bardi 백작은 귀족이나 시인, 음악가, 철학가 등 당시 교양 있는 지식인들을 초대해 살롱을 열었는데, 바로 '피렌체 카메라타'다. 이들은 고대 그리스의 드라마와 유사한 예술을 선보이기 위해 대사에 선율을 얹어서 불렀고 춤과 기악곡, 합창곡을 포함시켰다. 이렇게 해서 탄생한 새로운 장르가 오페라다. 따라서 오페라는 르네상스 시대의 또 다른 산물이라고 할 수 있다.

르네상스 시대에 다른 어느 지역보다 중요한 역할을 담당했던 곳이 피렌체다. 푸치니의 오페라에서처럼 피렌체는 '꽃의 도시'였고 수많은 예술가가 르네상스 예술과 건축, 문화로부터 영감을 얻기 위해 피렌체를 찾았다. 우리에게도 잘 알려진 레오나르도 다빈치Leonardo da Vinci나 미켈란젤로Michelangelo Buonarroti, 라파엘로Raffaello Sanzio 등이 피렌체에서 활동했던 대표적인 예술가다.

이 시기에 이탈리아에는 중계 무역을 통해 부를 축적한 여러 도시가 있었다. 서유럽 대부분의 지역이 자급자족적 농업에 의존했던 반면, 피렌체를 비롯해 베네치아와 밀라노 등의 도시는 상품과 사람의 이동과 교류가 빈번했기 때문에 숙박과 환전, 대부 등의 사업이 성행했다. 특히 이슬람과의 교역이 허가된 곳이었기에 설탕이나 향

신료 등 아시아의 값비싼 상품들을 판매해서 부를 축적하는 사람들이 등장했다.

당시 르네상스 시대의 정치와 경제, 문화, 예술을 주도했던 피렌체에 많은 관심을 가지고 역사서를 집필한 사람이 있었다. 바로 레오나르도 브루니Leonardo Bruni(1370~1444)다. 이탈리아 중부 토스카나주의 아레초에서 태어난 브루니는 15세기 초 피렌체로 이주했고, 이후 여러 인문학자와 지적 토론을 이어나갔다. 피렌체에 대한 브루니의 관심은《피렌체 찬가》에서 잘 드러난다. 그는 전제정치에 대한 반감을 드러내며 로마공화정의 영광과 시민의 애국심 등 공화주의에 대한 칭송을 아끼지 않았다. 피렌체에서 발생했던 여러 위기를 목격하면서 그는 피렌체에 무엇보다 필요한 것은 자유나 평등이 아니라 조화와 단합이라고 강조했다.

1415년 집필을 시작한《피렌체 사람들의 역사Historiae Florentini populi》는 피렌체의 공식 역사책으로 불린다. 피렌체 정부는 브루니에게 일정 금액의 상금을 수여하기도 했고, 완성된 저서를 정부청사의 예배당에 보관할 정도로 그 가치를 공인했다. 그 이유는 무엇보다도 브루니가 이 저서에서 피렌체의 찬란하고 화려한 영광의 순간을 로마공화정의 영광과 동일시했기 때문이다. 이는 피렌체가 토스카나주뿐만 아니라 이탈리아반도 전체를 지배할 패권을 장악하기에 충분하다는 것을 입증하는 것이었다. 당시 경제적으로 번영했던 피렌

파올로 우첼로 Paolo Uccello,
〈산 로마노 전투〉, 1435-1455년 作.

산 로마노 전투는 피렌체와 시에나 공국 사이에 벌어진 전투다.

체 정부는 정치적 팽창까지 원했고, 브루니의 저서는 이러한 피렌체 정부의 목적에 가장 잘 부합했다.

브루니의 《피렌체 사람들의 역사》는 총 12권으로 구성되어 있는데, 그는 제1권에서 새로운 방식으로 역사를 서술했다. 전통적으로 기독교를 국교로 삼고 널리 확산시켰던 로마제정 대신 로마공화정을 역사 서술의 중심으로 삼은 것이다. 다시 말해 그는 주제를 중심으로 역사를 기록했다. 대신 나머지 11권에서는 고전적인 역사 서술 방식을 답습한다. 사건에 대해 구체적이고 자세하게 서술하고, 고전 문헌을 인용하는 식이었다. 그래서 브루니의 저서는 고대 역사 서술과 근대 역사 서술이 혼합된 것으로 평가받는 경우가 많다.

1429년 조반니 데 메디치Giovanni de' Medici가 사망하고, 장남 코시모 메디치Cosimo di Giovanni de' Medici가 전 재산을 물려받았다. 그는 메디치 가문의 사업을 더욱 널리 확장했고, 인문학과 예술을 후원했다. 사회 환원도 아끼지 않았기 때문에 당시 피렌체 시민들에게 큰 인기를 얻었다. 그러나 당시 피렌체 정치를 독점했던 알비치 가문이 메디치 가문을 견제하기 시작했고, 1432년 코시모의 용병대장이 산 로마노 전투에서 승리를 거두면서 코시모에 대한 견제가 더욱 심해졌다. 결국 국가 내란죄로 모함해서 코시모에게 사형을 선고했지만, 피렌체 시민의 시위가 거세지자 코시모를 국외로 추방했다.

정치적으로 현실주의 경향을 보였던 브루니는 이들의 당파 싸움

야코포 다 폰토르모 Jacopo da Pontormo,
〈코시모 데 메디치 초상화〉, 1518–1520년경 作.

코시모 데 메디치는 예술과 학문을 적극 보호하고 지원했던
메디치 가문의 신화를 만든 인물이다.

에서 코시모의 편을 들었다. 그는 대중의 무분별한 집단행동이 오히려 혼란을 초래할 수 있다고 생각했기 때문에 귀족정과 민주정이 혼합된 정치 체제, 즉 공화주의를 옹호했다. 브루니에게 자신의 저서 《피렌체 사람들의 역사》에서 강조했던 공화정을 실현시킬 수 있는 사람은 소수 귀족의 지원을 받는 리날도 알비치Rinaldo degli Albizzi가 아니라 부유층과 중산층을 중심으로 광범위한 시민의 지지를 받았던 코시모였다. 이러한 점에서 본다면 그가 후일 메디치 가문의 독재 아래에서도 피렌체 시민은 결코 움츠러들지 않는다고 강조했던 것이 결코 우연은 아니었을 것이다.

12일

오늘의 키워드

역사 시대 구분법

역사의 3주기를 이용하다

플라비오 비온도와
《이탈리아 조망》

#고대 #중세 #근대 #지역의_역사

1517년 10월 31일, 독일 중부 비텐베르크 성의 교회문에 95개 조항으로 구성된 반박문이 붙었다. 95개 조항 중 중요한 내용을 살펴보면 다음과 같다.

> 5. 교황은 그 직권 혹은 교회법의 위세로 부과된 형벌 이외의 어떤 벌이든지 용서할 힘이나 뜻을 가지지 못한다.
> 6. 교황은 하나님께서 죄를 사하였다는 것을 선언 혹은 시인하는 것 이외에는 어떤 죄든지 사할 힘이 없다. 기껏해야 그 자신에게 주어진 사건들을 그가 사하는 데 불과한 것이다.

안톤 폰 베르너 Anton von Werner,
〈보름스 회의〉, 1877년 作.

루터가 보름스 회의에 출석해 자신의 의견을
설명하고 있는 장면이다.

32. 면죄부에 의하여 자신의 구원이 확실하다고 스스로 믿는 사람은 그것을 가르치는 사람들과 함께 영원히 저주를 받을 것이다. (중략)

무려 95개 조항이나 되는 반박문을 붙인 사람은 독일의 종교개혁가 마르틴 루터Martin Luther(1483~1546)였다. 이 시기의 교회는 타락하고 부패했는데, 이를 가장 잘 보여주는 것이 바로 면죄부 판매다. 면죄부란 교회의 부족한 재정을 충당하기 위해 재물을 바친 사람들의 죄를 면해주는 증서를 말한다. 9세기에 처음 발행되었는데, 대량으로 교부된 것은 16세기 초 레오 10세Leo X 때였다.

레오 10세는 학자들을 로마로 초대해 학문을 장려하고, 미켈란젤로와 라파엘로 등 예술가에게 작품을 의뢰해서 예술을 번영시켰다. 그러나 화려한 궁정에서 사치스러운 생활을 했기 때문에 당시 교회의 빚은 엄청났다. 뿐만 아니라 교황과 교회의 권위를 드높이기 위해 성베드로 성당을 수리하고 개축했다. 그 자금을 모으기 위해 면죄부를 판매했고, 교회의 부패에 실망한 루터는 95개조 반박문을 게시하고 교회의 개혁을 주장했다. 이로부터 시작된 것이 바로 종교개혁이다.

루터의 95개조 반박문은 이내 독일 전역에 배부되었다. 활판인쇄술 덕분이었다. 20세기 말 역사 전문 방송 '히스토리 채널'에서는 지

루카스 크라나흐 Lucas Cranach,
〈마르틴 루터 초상화〉, 1529년 作.

마르틴 루터는 타락하고 부패한 교회에 맞서
종교개혁에 앞장섰다.

난 1,000년간 인류 역사에 큰 영향을 미친 100명의 인물을 뽑았는데, 여기에서 1위로 뽑힌 사람이 바로 활판인쇄술을 발명한 요하네스 구텐베르크Johannes Gutenberg(1398?~1468)였다. 구텐베르크는 주물에 사용되는 틀인 주형과 활자 주조기를 만들고, 납과 주석을 녹여 금속활자를 만들었다.

활판인쇄기 덕분에 독일 전역으로 확산된 것은 비단 루터의 95개조 반박문만이 아니었다. 1521년 3월에 루터는 보름스 회의에 출두했다. 이 회의는 신성로마제국 황제 카를 5세Charles V(재위 1519~1556)가 95개조 반박문에 대해 루터의 견해를 심의한 회의인데, 그는 황제 앞에서도 교회에 대한 자신의 비판과 주장을 굽히지 않았다. 이미 독일에서만 50만 부 이상의 반박문이 사람들 사이에 배부되었기 때문에 루터는 많은 사람이 자신을 지지한다고 믿었다. 그렇지만 신변의 위협을 느낀 그는 바르트부르크로 피신해서 그리스어와 라틴어로 쓰인 신약 성경을 독일어로 번역했다.

루터가 번역한 독일어 성경은 급속하게 대중에게 확산되었고, 이제 독일에서는 누구나 성경을 읽고 해석할 수 있었다. 이러한 분위기 속에서 루터는 '오직 성경만'을 강조하면서 교회의 부패를 비난했고, 그의 주장은 유럽의 다른 지역으로까지 확산되어 스위스에서 종교개혁이 일어나는 데 중요한 영향을 미쳤다. 그 결과 가톨릭에서 새로운 종교 분파들이 생겨나게 되었는데, 이 과정에서도 활판인쇄술이 큰 역할을 했다.

활판인쇄술이 발명된 15세기에 유럽에서는 커다란 변화가 있었다. 오랫동안 사용하던 양피지 대신 종이를 사용하기 시작한 것이다. 양피지는 양이나 송아지, 염소의 가죽을 깨끗하게 씻은 후 털을 완전히 깎아서 만든다. 이집트에서 파피루스 수출을 금지하자 오늘날 터키 베르가마에 해당하는 페르가뭄에서 그 대안으로 발명했다고 알려져 있다. 물론 이전에도 동물 가죽에 글씨를 썼지만, 가죽을 햇볕에 말리면 거칠고 딱딱해져서 한쪽 면밖에 사용할 수 없었다. 그렇지만 양피지는 부드러워서 양쪽 면을 모두 사용할 수 있었고, 유럽에서는 양피지를 사용한 책이 인기를 끌었다.

그러다가 이슬람제국을 통해 종이가 유럽으로 확산되면서 상황이 크게 달라졌다. 무엇보다도 양피지는 매우 비쌌다. 양이나 염소 한 마리에서 얻을 수 있는 양피지는 겨우 4장 정도밖에 되지 않아 성경 한 권을 만들기 위해서는 무려 200~300마리 이상의 가축이 필요했다. 더욱이 양피지로 만든 책은 필경사가 직접 필사해서 만들었는데, 1,000페이지짜리 책을 한 권 제작하는 데 5년 정도의 시간이 걸렸다. 하지만 종이가 전파되면서 책을 제작하는 시간과 비용이 크게 줄어들었다. 여기에 구텐베르크의 활판인쇄술이 보급되면서 유럽에서 책의 출판과 확산은 더욱 증가했고, 이제 대중에게까지 지식이 전파되었다.

최근 이탈리아에서는 종이로 기록된 유산을 복원하고 보존하는 데 많은 관심을 가지고 있다. 구텐베르크의 활판인쇄술이 발명된 이후 성경을 비롯해 고대 그리스의 철학, 정치 등의 서적들이 출판되었기 때문이다. 여기에는 카말돌리 수도원 도서관에 소장된 인쇄본도 포함되어 있다. 이 인쇄본을 집필한 사람은 이탈리아 역사가 플라비오 비온도Flavio Biondo(1392~1463)인데, 그는 인류 역사를 고대와 중세 그리고 근대라는 세 시대로 구분한 것으로 유명하다. 일반적으로 이러한 시대 구분은 인류 역사가 짧게는 수십 또는 수백 년에서 수천 년이기 때문에 역사 연구의 편의성을 위해 고안한 것인데, 플라비오의 역사 시대 구분법이 널리 확산되면서 많은 역사학자가 이 방식을 따랐다.

이탈리아 에밀리아로마냐 자치주의 포를리에서 출생한 플라비오는 밀라노에 머물면서 키케로와 브루투스의 대화를 기록한 원고를 발견하고 이를 필사했다. 이후 역사 집필을 시작했는데, 그의 대표적인 역사서로는 《이탈리아 조망Italia illustrata》이 있다. 1474년에 출간된 이 저서는 자신이 여행한 지역과 이탈리아 14개 지역의 역사를 서술한 것이다. 당시 대부분의 저서들이 지역에 초점을 맞추어 서술된 것과 달리 플라비오는 이탈리아반도 전체를 회복시키는 데 관심이 많았다. 그래서 각 지역에 대한 설명뿐만 아니라 지형의 어원이나 시간에 따른 변화, 이와 관련된 중요한 사건을 시간 순서에 따라 서술하고 이를 통해 과거와 현재를 연결하고자 했다. 다시 말해, 공간을 통해 역사적 과거와 현재를 소통시키고자 했던 것이다.

이러한 점에서 플라비오의 《이탈리아 조망》은 지리서의 성격을 띤 역사서라고 볼 수 있다. 그는 5세기의 이민족 침입과 카롤루스 대제, 그리고 신성로마제국에 대한 역사적 분석을 통해 로마공화국과 제국에 대한 서술을 이끌어낸다. 특히 중세를 한 세기가 아닌 여러 세기에 걸친 시기로 정의했는데, 이렇게 중세를 특정 세기나 구체적인 특징을 지닌 어떤 주의가 아닌 것으로 정의한 것은 플라비오가 처음이었다. 한마디로 그는 자신이 살았던 시대를 통합적인 관점에서 살펴보고자 했던 역사가였다.

13일

오늘의 키워드

이탈리아의 통일

역사는 순환한다

니콜로 마키아벨리와 《피렌체사》

#티투스_리비우스 #로마사 #공화정 #군주정

목적을 위해 수단을 가리지 않는 권모술수의 행태를 흔히 '마키아벨리즘'이라 표현하는데, 이는 르네상스 시대 이탈리아의 정치사상가 니콜로 마키아벨리Niccolò Machiavelli(1469~1527)의 저서 《군주론》에서 유래된 것이다. 그는 이 저서에서 정치는 도덕이나 종교와 독립된 것이기 때문에 일정한 정치적 목적을 위해서는 도덕이나 종교에 반하더라도 정당화될 수 있다고 주장했다. 마키아벨리가 《군주론》을 집필할 당시 이탈리아는 사회적 혼란과 도덕적 타락이 만연했다. 이에 분열된 국가를 통일하기 위해서는 새로운 정치 질서가 필요하고, 지도자는 과정보다는 결과에 책임을 져야 한다는 것이 그의 주장이

산드로 보티첼리 Sandro Botticelli,
〈동방박사의 경배〉, 1475년경 作.

경배를 드리는 사람들 중에는 코시모나 로렌초 등
메디치 가문 사람들도 있다.

었다. 그러나 이와 같은 그의 주장은 정치적 목적을 달성하기 위해 무슨 수단을 동원해도 좋다는 식으로 인식되곤 했는데, 이는 그가 본래 주장하려던 바와 다르다.

피렌체에서 태어난 마키아벨리는 메디치 가문 암살 사건에 휘말려 갖은 고문을 당했다. 당시 교황 레오 10세가 특사를 보내 그의 사면을 부탁한 덕에 가까스로 풀려날 수 있었다. 이런 과정에서 저술한 책이 바로 《군주론》이다. 《군주론》을 통해 그는 권력을 획득하기 위해서는 냉정해져야 하며, 타당하고 합리적인 목적을 가졌다면 다소 가벼운 도덕적 가치는 포기해도 된다고 주장했다. 다시 말해 정치권력을 위해 부도덕해도 된다고 주장한 것이 아니라 권력 획득과 도덕적인 문제는 별개라는 말이다.

뿐만 아니라 마키아벨리는 부도덕한 수단을 남용하는 정치인은 권력은 얻을 수 있을지라도 영광은 얻을 수 없다고 주장했다. 그는 정치인에게 가장 중요한 목표는 영광을 얻는 것이라고 생각했다. 따라서 많은 사람이 인식하는 것처럼 마키아벨리즘은 결코 부도덕한 수단을 이용해서 권력을 쟁취하는 것이 아니다. 이는 그가 《군주론》에 쓴 "나는 모든 사람이 군주에게서 선하다고 평가되는 모든 자질을 갖추는 것이 최상이라고 생각하고 있음을 잘 알고 있다. 하지만 현실의 인간 세상이 그런 것을 용납하지 않기 때문에 그보다는 자신의 권력을 파괴할지도 모르는 악덕의 경우, 그 오명을 피할 방법을

알토벨로 멜론 Altobello Melone,
〈체사레 보르자 초상화〉, 1513년경 作.

보르자는 이 시기에 가장 이상적인 군주로 언급되었다.

알아야 하고, 정치적으로 그렇게까지 위험하지 않은 악덕이라도 가급적 저지르지 않도록 노력하는 것이 필요하다"*는 문장에서도 잘 드러난다.

《군주론》의 모델이 된 사람은 로마 교황 알렉산데르 6세Alexander VI의 아들 체사레 보르자Cesare Borgia다. 당시 마키아벨리는 유럽의 여러 지역에 대사로 다니면서 외교 업무를 담당했는데, 그 과정에서 체사레 보르자를 만나 감명을 받는다. 그는 피렌체에 보내는 보고서에서 보르자에 대해 결단이 빠르고 초인적인 용기를 가진 사람이라고 평가했다. 그리고 후일 자신의 저서에서 그를 이상적인 군주의 모습으로 묘사했다.

마키아벨리는 《군주론》 외에도 다양한 저서들을 집필했다. 대표적인 저서는 《로마사 이야기》다. 이 저서는 티투스 리비우스의 《로마사》를 참고해 집필한 책으로, 그는 이 저서에서 이탈리아의 통일을 강력하게 주장했다. 당시 이탈리아는 분열과 혼란의 시기를 지나고 있었다. 프랑스나 스페인, 잉글랜드는 왕을 중심으로 국민국가로 성장하고 있었지만, 이탈리아는 그렇지 못했다. 북부 이탈리아에서는 신성로마제국 황제가 통치권을 주장하다가 제노바와 밀라노, 베네치아 등 여러 도시들이 분열했고, 중부 이탈리아는 교황청이 지배

* 니콜로 마키아벨리 지음, 강정인, 김경희 옮김, 《군주론》, 까치, 2015년, pp. 110-111.

했다. 그리고 남부는 나폴리 왕국이 지배하고 있었다. 이렇게 분열된 이탈리아를 통일하는 것은 무엇보다도 중요한 역사적 과업이었고, 마키아벨리는 통일 이탈리아에 가장 적합한 정치 체제는 공화정이라고 주장했다.

그러나 그는 군주정 역시 적합한 정치 체제라고 생각했다. 마키아벨리는 정치 체제가 순환한다고 생각했는데, 이러한 그의 주장은 《피렌체사》에서 잘 드러난다. 그리스의 철학자 아리스토텔레스의 주장처럼 마키아벨리는 이 세상에 6가지 형태의 정부가 존재한다고 주장했다. 바로 군주정과 참주정, 귀족정, 과두정, 민주정, 중우정, 군주정이다. 이러한 정부는 발전과 몰락의 패턴에 따라 순서대로 나타났다가 사라진다. 특히 마키아벨리는 군주정과 귀족정 그리고 민주정은 좋은 정치 체제인 반면, 참주정이나 과두정 그리고 중우정은 나쁜 정치 체제라고 생각했다.

그에게 공화정은 좋은 정치 체제인 군주정과 귀족정, 민주정을 혼합시킨 것이었다. 만약 군주 한 사람에게 권력을 위임하면 참주정으로 변질될 수 있기 때문에 국가의 권력을 분리해 하나는 군주정, 다른 하나는 귀족정 그리고 나머지 하나는 민주정으로 지배해야 한다고 주장했다. 그래야만 개인에 의한 독재도 예방할 수 있고, 다수에 의해 타락하지 않는다고 믿었다. 이러한 측면에서, 마키아벨리는 《피렌체사》에서 분열된 이탈리아의 통일과 강대국으로의 부상을 갈망했을 뿐만 아니라, 오늘날 국가권력을 입법과 행정, 사법으로 분리하고 상호간 견제와 균형을 유지해 국가권력의 집중과 남용을 방지하는 삼권분립의 기원을 제시했다고 볼 수 있다.

14일

오늘의 키워드
역사학의 물리 법칙

과학이 역사를 가속화시킨다

르네 데카르트와
《방법서설》

#기계론 #방법적_회의 #도덕적_규범 #생명과학

어려서부터 병약했던 소년이 있었다. 허약했기 때문에 학교에서는 그에게 휴식이 필요하다고 판단해 늦잠을 자도록 허락했다. 하지만 소년은 새벽에 일어나 명상하는 습관이 있었다. 어느 날 아침 소년은 바둑판 모양의 천장 구석에서 파리 한 마리가 기어가는 모습을 보았다. 이때 파리와 이웃하는 두 벽의 거리 관계를 알 수 있다면 파리의 동선을 계산할 수 있다는 생각이 들었다. 평면상의 모든 점을 두 개의 축에 관련된 두 개의 숫자로 나타낼 수 있다고 생각한 것이다. 이렇게 발견한 것이 바로 좌표다.

그와 관련해 또 다른 일화가 전해진다. 해가 저무는 늦은 오후에

프란스 할스 Frans Hals,
〈르네 데카르트의 초상〉, 17세기경 作.

17세기 네덜란드의 화가이며 초상화와 풍속화의 대가로 유명한
프란스 할스가 그린 르네 데카르트의 초상화다.

그는 공원 벤치에 멍하니 앉아 있었다. 공원을 청소하던 관리인이 그를 수상히 여겨 누구냐고 물었다. 이에 그는 자신이 누군지 몰라서 생각하는 중이라고 대답했다. 관리인이 집이 어디냐고 묻자 그는 여전히 그것도 몰라서 생각 중이라고 대답했다. 관리인은 다시 계속 여기 있을 건지 물었다. 그는 또다시 그걸 알았으면 이미 여기를 떠나지 않았겠냐고 대답했다. 그가 스스로에게 질문했던 것은 '나는 누구인가?' '나는 어디에서 왔는가?' '나는 어디로 가는가?'였다. 그가 바로 프랑스의 철학자 르네 데카르트René Descartes(1596~1650)다.

흔히 데카르트는 '나는 생각한다. 고로 나는 존재한다'는 명언 때문에 철학자로 알려져 있다. 그런데 사실 그는 원래 수학과 과학에 흥미가 있어 좌표의 발견뿐만 아니라, 어려운 기하학 문제도 쉽게 풀었다. 17세기 초 여러 지역을 여행하면서 함수의 원리를 개발하기도 했다. 그러나 당시 이탈리아의 천문학자 갈릴레오 갈릴레이Galileo Galilei가 지동설을 주장했다가 교회가 그의 모든 저서를 불태워버렸다는 소식을 듣고 데카르트는 과학을 포기하고 철학을 선택한다. 여행 도중 만난 파리의 추기경 피에르 드 베륄Pierre de Bérulle의 조언도 그가 철학을 연구하는 데 큰 영향을 미쳤다.

철학자로서 데카르트는 대륙합리론의 발전에 중요한 역할을 했다. 대륙합리론은 17세기 유럽 대륙의 여러 철학자에 의해 발전한 철학을 총칭하는데, 여기에는 데카르트 외에도 네덜란드의 철학자

바뤼흐 스피노자Baruch de Spinoza(1632~1677)와 독일의 철학자 고트프리트 라이프니츠Gottfried Wilhelm von Leibniz(1646~1716) 등이 포함된다. 대륙합리론의 특징은 인간의 본질을 이성理性에 두었다는 것이다. 이들은 모든 지식은 명확하게 입증할 수 있는 원리로부터 유래하거나 그것의 필연적인 귀결이라고 주장했다. 이들에 따르면 후천적 경험으로 얻은 지식은 불확실한 것이다.

데카르트가 이렇게 확실하게 입증할 수 있는 명확한 진리를 찾으려고 했던 이유는 시대적 상황과도 밀접한 연관이 있다. 당시 유럽은 30년전쟁으로 혼란스러운 상태였다. 30년전쟁은 1618년부터 1648년까지 신성로마제국과 유럽 중부 지역을 중심으로 발발한 전쟁으로, 서유럽에서 마지막으로 발생한 종교전쟁이다. 당시 신성로마제국이 계속 약화되는 가운데 제국을 유지하기 위한 세력과 독립을 추구하는 자유도시 사이에 갈등이 벌어졌다. 이러한 상황 속에서 종교개혁이 일어나면서 신교가 등장하자 자유도시에서는 신교를 지지했다. 다시 말해 30년전쟁은 구교를 믿는 제국파와 신교를 믿는 자유도시 사이에서 발생한 전쟁이다. 이렇게 유럽 전역이 혼란스러운 상황이다 보니 데카르트는 종교나 문화 등의 차이를 초월하는 절대적 진리를 통해 국가와 역사의 붕괴를 막을 수 있다고 생각했다.

데카르트는 모든 지식은 인간의 내면에 숨겨져 있다고 믿었다. 그래서 방법적 회의를 통해 지식을 끌어내고자 했는데, 그 과정에서 등장한 것이 유명한 '나는 생각한다. 고로 나는 존재한다'이다. 이 원리는 그의 저서 《방법서설》을 통해 확립되었고, 이를 토대로 세계에 대한 인식과 관점, 그리고 더 나아가 역사관이 정립되었다. 《방법서설》의 원래 제목은 '이성을 잘 인도하고, 학문에 있어서 진리를 탐구하기 위한 방법서설, 그리고 이 방법에 관한 에세이들인 굴절광학, 기상학 및 기하학'이다. 또 특이하게도 당시 라틴어로 집필하던 관례를 깨고 프랑스어로 집필했다. 이와 관련해서는 여러 가지 설이 제기되고 있는데, 가장 타당한 설은 독자와 소통하기 위해서라는 것이다.

《방법서설》은 모두 6부로 구성되어 있다. 제1부에서는 여러 학문들에 대해 설명하고, 거짓으로부터 참된 것을 구별하고 올바르게 판단하는 능력이 바로 이성이라는 것을 분명하게 명시한다. 제2부에서는 진리를 모색하는 4가지 방법에 대해 언급하는데, 1) 참이라고 인식한 것 외에는 어떤 것도 참으로 받아들이지 않을 것, 2) 검토해야 하는 어려움을 잘 해결할 수 있도록 작은 부분으로 나눌 것, 3) 생각을 순서에 따라 이끌어나갈 것, 4) 빠뜨린 것이 없다는 확신이 들 정도로 완벽하게 열거하고 검사할 것이다.

제3부에서는 진리를 발견하지 못했을 때 도움이 되는 3가지 도덕적 규범에 대해 설명한다. 1) 내 나라의 법률과 관습에 복종하고, 종교를 확고하게 견지하며, 같이 사는 사람들 가운데 가장 사려 깊은

요하힘 폰 산드라르트 Joachim von Sandrart,

〈시기와 어리석음으로부터 예술과 과학을 지켜주는 미네르바와 사투르누스〉, 1644년 作.

요하임 산드라르트는 종교개혁 시기에 활동했던
독일 초상화가로서 독일인 최초로 미술사를 집필했다.

사람이 취하는 의견을 따를 것, 2) 되도록 확고하고 결연한 태도를 취하고, 아무리 의심스러운 의견이라도 취하기로 결정하면 확실하게 따를 것, 3) 언제나 운명보다 자신을 이기려고 노력하고, 세계의 질서보다 자신의 욕망을 바꾸려고 노력할 것이다. 제4부에서는 육체와 정신, 그리고 신의 위계질서 및 논리를 다루고 있으며, 제5부에서는 과학의 문제점을 이야기한다. 그리고 마지막으로 제6부에서는 자연을 연구하는 데 필요한 것과 자신이 이 저서를 집필하게 된 이유를 설명한다.

《방법서설》은 데카르트가 대중에게 철학을 알리기 위해 집필한 저서로 여기에는 우주와 세계에 대한 그의 인식이 내포되어 있는데, 그것은 바로 기계론이다. 데카르트는 철저한 기계론자였다. 그는 인간의 육체뿐만 아니라 삶 전체, 사회와 국가 그리고 역사까지도 물리 법칙의 지배를 받는다고 생각했다. 이러한 점에서 본다면 데카르트에게 인류 역사는 수학이나 물리학, 천문학 등 과학의 발전에 따라 가속화될 수 있으며 역사 속에서 발생하는 모든 사건은 기계론적 법칙에 의해 설명된다. 이와 같은 데카르트의 역사관은 후일 생명과학이 발전하는 데 중요한 토대가 되었는데, 이는 역사학이 다른 학문에 영향을 미친 사례다.

15일

오늘의 키워드

이성

역사는 자신을 전개하는 과정이다

게오르크 헤겔과 《역사철학 강의》

#진보 #변증법 #자유 #정신

2007년 10월부터 2008년 11월까지 약 1년 동안 80여 개의 글을 온라인 토론 공간인 다음 아고라에 남긴 사람이 있었다. 그의 글은 누적 조회수가 700만 건이 넘었고, 댓글은 3만 개 이상이었으며, 찬성은 9만 개 이상이었다. 그의 글이 이토록 많은 사람 사이에서 논란이 되었던 결정적 이유는 그가 리먼 브라더스Lehman Brothers의 몰락을 정확히 예견했기 때문이다. 세계 4위의 투자은행이었던 리먼 브라더스는 2008년 9월 15일 뉴욕 남부법원에 파산보호를 신청하면서 글로벌 금융위기를 촉발했다. 당시 부채 규모는 6130억 달러로, 역사상 최대 규모의 파산이었다. 이는 미국뿐만 아니라 유럽과 아시

자크 루이 다비드,
〈마르스와 싸우는 미네르바〉, 1771년 作.

전쟁의 여신과 전쟁의 신 사이에서 벌어진 싸움을 그렸다.

아에도 심각한 영향을 미쳤는데, 이러한 상황을 예측하면서 그에 대한 신뢰가 높아진 것이다.

이후 그는 반정부, 반여권 정서를 담은 글을 통해 우리나라 경제 위기론을 강조했다. 그러다 정부 공문을 위조해서 허위 정보를 유포했다는 혐의로 기소되었는데, 당시 인터넷에 글을 올린 네티즌이 체포된 것은 매우 드문 경우였다. 이를 둘러싸고 정당한 비판을 막는 독재정권이라는 비판과 사회적 영향력이 크기 때문에 기소하는 것이 맞다는 여론이 들끓었다. 결국 공판에서는 공익을 해칠 목적이 없었다고 판단되어 무죄가 선고되었다. 이른바 '미네르바 사건'이다. 미네르바는 그가 사용했던 필명이었다.

미네르바Minerva는 로마신화에 등장하는 여신이다. 그리스신화에서는 아테나Athena로 불린다. 지혜와 기술을 주관하는 여신이자 전쟁의 여신이기도 하다. 그리스신화에서 아테나는 그리스인에게 올리브를 건네줌으로써 번영을 축복했는데, 로마신화에서 미네르바 역시 마찬가지다. 그래서 올리브 나무는 종종 '미네르바의 나무'라고 불리며 평화를 상징한다. 트로이 전쟁에서 패배한 이후 이탈리아로 이동한 아이네이아스는 당시 이탈리아에 살고 있던 원주민들에게 우호와 평화의 표시로 올리브 가지를 주었다.

미네르바는 어깨에 올빼미가 앉아 있는 이미지로 유명하다. 로마에서 올빼미는 지혜의 상징이었다. 그리스에서도 아테나 여신과 올빼미가 함께 묘사된 경우가 많았는데, 로마에서 이를 그대로 답습한 것이다. 학자들에 따르면 미네르바의 어깨에 앉은 올빼미는 그리스 주변에 서식하는 금눈쇠올빼미다. 그런데 언제부터인가 우리는 '미네르바의 올빼미' 대신 '미네르바의 부엉이'라는 표현을 더 자주 쓰고 있다. 이는 한 철학자로부터 비롯되었는데, 바로 프로이센의 철학자 게오르크 빌헬름 프리드리히 헤겔Georg Wilhelm Friedrich Hegel(1770~1831)이다.

'미네르바의 부엉이'라는 표현은 헤겔의 저서 《법철학 강요》에 등장한다. 《법철학 강요》는 헤겔이 자신의 법철학 강의를 요약해서 출판한 저서다. 당시 프로이센은 보수 세력과 진보 세력이 갈등하고 있었는데, 헤겔은 이러한 정치적 갈등 속에서 프로이센 헌법이 어떤 특징을 가져야 하는지에 대해 고찰했다. 이 저서는 추상법과 도덕, 인륜이라는 세 부분으로 구성되어 있는데 추상법에서는 물권법이나 계약법, 불법행위법을 통해 개인의 자유로운 의지가 타인의 자유로운 의지 및 외부 세계와 관계하면서 필연적으로 도출된다는 것을 보여주었다. 그리고 인륜에서는 가족과 시민사회, 국가로 구분해 설명하고 있다.

"세계의 사상으로서 철학은 현실이 그 형성 과정을 종료하여 확고한 모습을 갖추고 난 다음에야 비로소 시간 속에 나타난다. 개념이 가르쳐주는 것을 역사는 또한 필연적인 과정으로 나타내주기도

하지만, 현실이 무르익었을 때 비로소 이념적인 것이 실재적인 것에 맞서 나타나는 가운데 이 실재하는 세계의 실체를 포착하여 이를 지적인 왕국의 형태로 구축한다. 철학이 회색의 현실을 회색으로 그려낼 때 생명의 형태는 이미 낡아버렸으니, 회색에 회색을 덧칠한다 해도 생명의 형태는 젊음을 되찾지 못하고 다만 그 진상이 이식되는 데 그칠 뿐이다. 미네르바의 부엉이는 황혼이 깃들 무렵에야 비로소 날기 시작한다."*

헤겔은 철학이란 미래를 예측하는 것이 아니라 어떤 사건이나 현상이 발생한 이후에 역사적 조건을 고찰했을 때 철학의 의미가 분명해진다고 믿었다. 따라서 미네르바의 부엉이는 황혼이 깃들 무렵에야 비로소 날기 시작한다는 것은 철학을 이해하기 위해 그가 제시한 조건으로 해석될 수도 있고, 세상이 어둠에 싸일 때 지혜와 철학이 더욱 필요하다는 의미로 해석될 수도 있다.

헤겔 역시 인류를 진보로 이끄는 데 가장 중요한 것은 이성이라고 생각했고, 특히 변증법을 통해 이성이 진보를 만들어낸다고 주장했다. 이를 위해 그가 예시로 든 것이 바로 그리스와 로마였다. 그는 그리스의 자유와 로마의 법이 변증법을 거쳐 오늘날 서유럽의 법체계를 형성했다고 주장했다. 헤겔이 강조했던 변증법은 흔히 정-반-

* 게오르크 헤겔 지음, 서정혁 옮김, 《법철학》, 지식을 만드는 지식, 2020, p. 33.

합의 구조를 가지는 것으로 설명하는데, 보다 엄밀하게 말하자면 부정과 긍정 사이에 서로 오가는 일종의 대화라고 볼 수 있다. 고대 그리스에서는 문답법을 통해 어떤 사실을 부정하거나 긍정함으로써 진리에 도달한다고 믿었는데, 헤겔은 이러한 방법을 가져와 변증법이야말로 학문의 가장 기본적이고 핵심적인 논리라고 생각했다.

이와 더불어 헤겔은 역사 발전의 원동력을 자유라고 믿었다. 이러한 그의 신념은 《역사철학 강의》에도 잘 드러난다. 그는 이 책에서 "최초에 동양인은 한 사람이 자유임을 알고 있었을 뿐이고, 그리스인과 로마인은 소수의 사람이 자유임을 알고 있었다. 우리는 모든 인간이 본래 자유라는 것, 즉 인간이 인간으로서 자유임을 알고 있다"*라고 쓰고 있다. 그는 이성을 통해 자유가 확대되고 평화가 실현되는 과정이 바로 인류의 역사라고 생각했다.

이러한 과정에서 절대적인 역할을 담당하는 것은 정신이다. 특히 그는 절대정신을 강조했는데, 절대정신은 개인의 감각이나 의식, 지성 등을 통해 나타나는 것으로서 객관화되고 사회화되어 법이나 정의, 도덕, 그리고 마지막에는 인륜으로 발전한다. 그러면서 객관적 정신의 형태를 가지는데, 이를 토대로 사회나 정치가 구성된다. 그에게 절대정신은 세상을 이끄는 원동력이고, 절대정신을 실현하는 것이

* 게오르크 헤겔 지음, 권기철 옮김, 《역사철학 강의》, 동서문화사, 2008, p. 28.

야말로 역사 발전을 추구하는 것이었다.

그리고 절대정신은 곧 이성이었다. 인간은 누구나 이성을 가지고 있어서 합리적으로 생각하고 판단하고자 한다. 나이가 들면서 이성이 발달하는 것처럼 시간이 흐르면서 이성은 역사를 앞으로 이끌고 나간다. 사실 인간을 인간답게 만드는 것이 이성이라는 주장은 고대 그리스에서부터 이어져 내려왔다. 헤겔에게 이성은 감각을 통해 진보와 후퇴를 하면서 그 결과 또 다른 지식을 얻는 수단이었다. 다시 말해 이성은 정-반-합이라는 변증법을 가능하게 하는 실질적 도구인 것이다.

"진리는 전체"라는 헤겔의 주장을 들어 후일 많은 학자가 헤겔의 사상이 전체주의를 옹호한다고 비판하기도 했다. 하지만 보다 엄밀하게 본다면, 헤겔은 변증법을 통한 과정 그 자체를 진리로 규정했고, 이를 통해 역사가 발전할 수 있다고 주장한 철학자였다.

16일

오늘의 키워드
문화 발전의 흐름

역사의 대상은 특수한 개인이 아닌 일반인이다

볼테르와
《루이 14세의 시대사》

#일반적인_인간_정신 #미성숙한_단계 #성숙한_단계 #인간_중심의_역사관

1999년 1월 1일부터 프랑스는 새로운 화폐인 유로를 도입했다. 그 이전까지 프랑스에서 통용되던 화폐는 프랑franc이었다. 프랑은 1360년부터 1641년까지, 그리고 1795년부터 1999년까지 프랑스에서 사용한 화폐다. 루이 13세 때 법적으로 폐지되긴 했지만, 상당히 오랫동안 사용한 화폐라고 할 수 있다. 과거 프랑스 식민지였던 알제리나 모로코 등지에서도 프랑을 사용하고 있다. 1963년부터 1973년까지 10년 동안 발행된 10프랑 지폐에는 흰 가발을 쓰고 흰 깃털 펜을 쥔 사람이 등장한다. 바로 프랑스의 대표적인 계몽사상가 프랑수아 마리 아루에François-Marie Arouet(1694~1778)다. 흔히 필명인 '볼테르

Voltaire'로 더 잘 알려져 있다.

볼테르는 일생 동안 사회적 권위를 비판하고 악습에 대항했던 인물이다. 그가 볼테르라는 필명을 사용하게 된 것도 감옥에 수감되었을 때다. 당시 그는 루이 14세Louis XIV의 섭정이었던 오를레앙 공작과 관련된 글을 썼다는 죄목으로 바스티유 감옥에 수감되었다. 오를레앙 공작은 혈통적으로 왕실과 밀접한 관계였기 때문에 14세기까지 프랑스 귀족 중에서 가장 중요한 작위였다. 대부분의 오를레앙 공작은 왕의 남동생이나 그 후손들이었는데, 국왕에게 적자가 없을 경우 오를레앙 공이 왕위를 이어받았다.

10대 오를레앙 공작이었던 필리프 1세Philippe I는 루이 14세의 동생으로, 왕과 나이 차이가 얼마 나지 않았기 때문에 모후 안 도트리슈Anne d'Autriche는 그의 신변 안전을 위해 여자아이 옷을 입히는 등 여자아이처럼 길렀다. 이후 그는 애매한 성 정체성으로 동성애 성향을 갖게 되었는데, 그로 인해 첫 번째 부인이었던 헨리에타와의 사이가 좋지 않았다. 그럼에도 그는 프랑스 궁정에서 매우 인기가 좋았으며 뛰어난 군인이었다. 또한 그는 예술가를 후원하고 미술품을 수집하는 데 관심이 많았다. 당시 루이 14세가 사망한 후 인기가 있던 오를레앙 공이 왕이 되려 한다는 글이 돌았는데, 볼테르가 그 글의 저자로 의심받았다. 이 일로 감옥에 수감되어 있는 동안 그는 희곡을 집필했고, 이때부터 볼테르라는 필명을 사용하기 시작했다.

작품이 인기를 끌면서 볼테르는 사교계의 유명 인사가 되었다. 1726년 볼테르는 그의 명성을 못마땅해하던 귀족과 말다툼을 벌이다가 귀족의 하인에게 매를 맞았다. 분노한 볼테르가 결투를 신청했지만, 귀족에게 반항했다는 이유로 다시 바스티유 감옥에 수감되었다. 이러한 일련의 사건을 겪으면서 그는 프랑스 사회가 얼마나 불평등하고 부조리한지를 실감하고, 이러한 사회적 권위와 인습에 대항하기로 결심했다.

당시 프랑스 사회에 대한 비판과 풍자는 그의 소설《캉디드》에 잘 드러난다.《캉디드》는 오늘날까지도 가장 잘 쓰인 풍자극으로 손꼽히는데, 당시 볼테르가 이 저서를 통해 알리고자 하는 메시지가 너무나 강렬해서 가명으로 출간했다고 전해진다. 독일 베스트팔렌 지역에서 남작의 조카로 태어난 캉디드는 모든 것에 최선을 다하면서 살고 있었다. 하지만 남작의 딸과 사랑에 빠지자 추방당해 전 세계를 떠돌면서 모험을 한다. 이러한 일을 겪으며 캉디드는 점점 인간에 대해 부정적인 생각을 품게 되고 가까스로 남작의 딸과 재회해 결혼하지만, 가난과 현실 때문에 만족하지 못한다. 볼테르가《캉디드》에서 묘사한 비참한 생활은 당시의 실상을 모티브로 한 것이었다.

프랑스 사회에 대한 볼테르의 비판은 특히 종교와 관련해 더욱 신랄했다. 그는 예수회 교육을 받았지만 기존 종교를 아주 심하게 비판했다. 그가 남긴 명언 가운데 "끔찍한 것은 모두 부수어라!"라는

작자 미상, 〈안과 그녀의 아들, 루이 14세와 오를레앙 공 필리프〉, 17세기 초 作.

안의 오른쪽이 루이 14세, 왼쪽이 오를레앙 공이다.

말은 가톨릭교회를 향한 것으로, 반종교적 슬로건이라고 할 수 있다. 사실 볼테르는 무신론자가 아니라 이신론자였다. 이신론理神論은 18세기 계몽주의 철학자들 사이에서 등장한 일종의 철학이자 종교관으로서 종교를 개입시키지 않고 논리와 자연에 대한 관찰만으로 신의 존재를 유추할 수 있다는 것이 주된 내용이다. 따라서 신의 존재는 믿지만, 종교나 경전 등에는 의지하지 않으며 예언과 기적도 불필요한 것으로 간주한다.

그래서 볼테르는 당시 프랑스에서 영웅으로 부상했던 잔 다르크 Jeanne d'Arc(1412~1431)를 신랄하게 비판했다. 잔 다르크는 잉글랜드와 프랑스 사이에서 발생한 백년전쟁 말기에 프랑스가 오를레앙 전투에서 승리해 백년전쟁에서 승기를 잡는 데 중요한 역할을 했다. 그녀는 17세에 하나님의 부름을 받았다며 프랑스 왕실을 찾아가 프랑스군 총사령관이 되었고, 반년 이상 지속되던 오를레앙 전투를 열흘만에 승리로 이끌었다. 마치 기적처럼 보이는 그녀의 활약은 많은 프랑스인들로부터 환영받았지만, 결국 잉글랜드군에 포로로 잡혀 구명되지 못한 채 종교재판을 받고 화형되었다. 이성을 통해 종교를 이해하려 했던 볼테르의 입장에서 그녀는 일종의 사기꾼처럼 보였다.

프랑스 사회에 대한 볼테르의 신랄한 비판은 역사철학에서도 나타난다. 《루이 14세의 시대사》 서문에 그는 이렇게 적고 있다. "모든 시기는 영웅들과 정치적 지도자만을 산출해왔다. 그리고 모든 인민은 혁명을 경험해왔으며, 또 모든 역사들은 사실들로 그 기억을 채워두기를 원하는 사람의 눈에 동일하게 보였다. 그러나 전체로서의 세계사에 있어 4개의 축복된 시대는 예술이 완성된 시대이며, 인간 정신의 위대함으로 하나의 신기원을 이룩함으로써 후손에게 귀감이 되는 시대이다. 그중 첫 번째 시대는 필립과 알렉산더의 시대이다. [중략] 두 번째 시대는 카이사르와 아우구스투스의 시대이다. 세 번째 시대는 이탈리아의 영광의 시대이다. [중략] 그리고 네 번째 시대는 루이 14세의 시대이다. 이 시대는 위의 4개의 시대 중 가장 완성에 가까운 시대일 것이다. [중략] 모든 예술이 이전 시대보다 진보된 것은 인간의 이성의 일반이 개선되었기 때문이다."*

《루이 14세의 시대사》에서 볼테르는 역사학의 대상을 더는 영웅이나 천재와 같은 특별한 개인에게서 찾지 않는다. 그는 일반적인 인간의 정신 속에서 역사의 분석 대상을 찾는다. 이와 더불어 볼테르는 과거에 있었던 사실을 서술하는 것에 그치지 않고, 문명이 발전하고 강대국이 된 국가들의 발전 과정을 제시함으로써 문화 발전의 흐름으로 역사를 이해하고자 했다. 다시 말해 역사를 세계사로 인식하고 이해하고자 했던 것이다. 여기에서 우리는 모든 시대와 모든 사람들을 포괄하는 보편적 역사를 도출할 수 있다.

---

* Voltaire, William F. Fleming, 《The Age of Louis XIV》, Nabu Press, 2012, pp. 1–2.

이와 더불어 볼테르는 역사 발전의 목표를 분명하게 설정했다. 역사는 미성숙한 단계에서 성숙한 단계로 발전한다는 것이다. 이 발전 과정에서 4개의 시대가 정점이었는데, 그중 최고의 정점이 자신이 살고 있는 루이 14세의 시대라고 말했다. 또한 그는 역사 발전을 인간 이성이 진보하는 과정으로 이해함으로써 역사에서 신의 섭리를 부정했다. 오로지 인간의 이성에 의해 역사가 진보한다고 본 것이다. 이러한 점에서 볼테르는 인간 중심의 역사관을 확립해 근대 역사학이 발전하는 데 중요한 토대를 제공했다.

17일

오늘의 키워드
이성

아는 것은 인간의 힘을 증대시킨다

드니 디드로와
《백과전서》

#편견과_인습_비판 #프랑스혁명 #공화정 #계몽주의

1988년 소설 한 편이 출판되었다. 이 소설은 영국으로 이민 온 인도 이민자의 혼란스러운 삶을 풍자적으로 묘사한 것이다. 테러리스트에 의해 비행기가 납치되고, 인도인 두 사람만 살아남았다. 생존자 중 한 사람은 배우였고, 다른 한 사람은 자신의 뿌리를 버리고 완벽한 영국인이 되고자 하는 성우였다. 추락하면서 이들에게 변화가 일어나는데 배우는 모든 것을 용서받는 천사가 되고, 성우는 차별을 당하는 악마가 된다. 어느 날 성우는 이민국 직원에게 끌려가게 되어 배우에게 도와달라고 요청했지만, 환영에 홀려 있던 배우는 그의 요청을 듣지 못했다. 이민국 직원으로부터 수난을 당하고 집으로 돌아온 성우는 배우에게 복수하려 하지만, 배우는 자신을 해치려 한 성우를 용서해주고 목숨도 구해준다. 결국 배우의 모습에서 무언가를 깨달은 성우는 인도로 돌아가서 살고, 배우는 환영과 질투 속에서 살다가 친구를 죽이고 자살한다. 인도 작가 살만 루슈디 Salman Rushdie(1947~)의 소설 《악마의 시》다.

《악마의 시》가 출간되자 이슬람 세계는 이를 금서禁書로 지정했다. 루슈디가 무함마드를 무력을 통해 자신의 종교를 관철시키는 비합리적인 인물이자 유일신 대신 다른 여신들을 인정하는 모순을 보이는 인물로 묘사했기 때문이다. 게다가 무함마드의 부인은 도시 전체를 파멸로 이끄는 악마처럼 그려졌다. 이에 이슬람교도들은 루슈디의 이러한 묘사가 이슬람교를 모독하는 것이라고 주장했다. 그리고 이란 최고 지도자 아야톨라 호메이니Ayatollah Ruhollah Khomeini(1900~1989)는 《악마의 시》 작가와 출판자에게 사형 선고를 내렸다. 실제로 《악마의 시》를 번역한 일본인 교수가 살해되었고, 터키와 노르웨이에서도 번역가가 습격을 당했다고 한다. 더욱 놀라운 것은 이슬람 세계에서는 이슬람 판결인 파트와Fatwa를 내린 사람만이 그 파트와를 철회할 수 있는데, 이미 호메이니가 사망했기 때문에 루슈디의 사형 선고는 아직까지 유효하다는 사실이다.

사실 《악마의 시》 외에도 인류 역사에서 금서로 지정된 저서들은 상당히 많다. 금서는 정치나 안보, 신앙 등을 이유로 법률에 의해 간

산드로 보티첼리,
〈나스타조 델리 오네스티 이야기〉, 1483년 作.

이는 《데카메론》의 다섯 번째 날 중 여덟 번째 이야기에 해당된다.

행 및 발매, 소유 등을 금지한 저서를 가리킨다. 역사학자들에 따르면 동양에서 금서의 기원은 BC 4세기경으로 거슬러 올라간다. 당시 유가 사상이 지배적이었던 중국에서 노자의 사상을 이단으로 간주해 《도덕경》을 금서로 지정했다. 이후 BC 213년 진나라의 시황제始皇帝는 협서율挾書律을 단행했는데, 협서율은 민간에서 책의 소장을 금지하는 법령이다. 당시 시황제는 승상 이사李斯의 건의를 수용해 《시경》과 《서경》 등의 저서를 소각하고, 30일이 지나도 책을 소각하지 않은 사람은 묵형에 처했다. 유럽에서는 단테의 《신곡》과 조반니 보카치오Giovanni Boccaccio(1313~1375)의 《데카메론》, 니콜라우스 코페르니쿠스Nicolaus Copernicus(1473~1543)의 《천체의 회전에 관하여》 등이 대표적인 금서였다.

18세기 프랑스에서도 금서로 지정된 저서가 있었다. 바로 《백과전서》다. 이 저서의 원래 제목은 '백과전서 또는 문인협회에 의한 과학, 기술, 공예에 관한 합리적 사전'으로서 총 28권으로 구성되어 있다. 1751년에 제1권이 출간되었고, 마지막 권 출간이 1772년이니 전부 출간되는 데 무려 21년이 걸렸다. 당시 유럽 최고 지식인 150여 명이 집필에 참여했는데, 여기에는 장 자크 루소Jean-Jacques Rousseau(1712~1778)와 볼테르 등도 포함되어 있었다. 편집자는 프랑스의 철학자 드니 디드로Denis Didero(1713~1784)와 장 르 롱 달랑베르Jean Le Rond d'Alembert(1717~1783)다. 원래는 《체임버스 백과사전》을 프랑스어로 번역하려다가 그 취지를 바꾸어 세상에 존재하는 모든 개념과 지식을 담는 저서를 출간하기로 했다.

《백과전서》가 집필될 당시 유럽에서는 계몽주의가 유행했다. 계몽주의는 18세기 후반 유럽에서 발생한 사상으로 구시대적 인습과 사상을 타파하는 것을 목적으로 삼았다. 특히 프랑스에서는 이성을 중심으로 타락한 정치권력에 대항하는 움직임이 발생했는데, 당시 교회와 성직자들은《백과전서》의 집필과 편집에 참여한 지식인들을 위험한 인물로 간주했다.《백과전서》의 독자가 두 배 이상 증가하자 교회로부터《백과전서》에 대한 항의가 드세졌고, 지배층 역시 이 책을 못마땅하게 생각했다.《백과전서》에서 종교적 관용과 사상의 자유, 과학과 기술의 가치 등을 주요 내용으로 다뤘을 뿐만 아니라 권력 계급이 가장 중요하게 생각해야 하는 것은 국민이라는 점을 강조했기 때문이다. 결국 1752년 프랑스 왕정은《백과전서》를 금서로 지정했고, 이후《백과전서》는 비밀리에 출판될 수밖에 없었다.

《백과전서》의 편집을 담당한 디드로는 유죄 판결을 받고 벵센 감옥에 투옥되었다. 그의 저서 역시 압수되어 소각되었다. 달랑베르는 초판이 발간된 후 출간 작업에서 손을 떼버렸다. 유럽 내 여러 지식인들은《백과전서》에 원고 기고를 거부하기도 했다. 어쩔 수 없이 디드로는 혼자 수백 편에 달하는 글을 쓰기 시작했다. 글을 쓰는 동안에도 그에 대한 위협은 그치지 않았다. 그야말로 목숨을 걸고 글을

외젠 들라크루아 Eugène Delacroix,
〈민중을 이끄는 자유의 여신〉, 1831년 作.

이 그림은 1830년에 일어난 7월 혁명을 그린 것이다.

쓰고 출간하는 위험한 작업이었던 것이다.

이렇게 출간된 《백과전서》는 유럽 전역에 엄청난 영향을 미쳤다. 특히 프랑스에서는 프랑스혁명이 발생하는 데 중요한 사상적 토대를 제공했다. 비록 당시의 정치 현실에 대해서는 명확한 판단을 내리지 않았지만, 기존의 사고방식에 대해 여러 가지 의문을 제기했고, 편견과 과거의 인습을 비판했으며, 이성을 통해 당시 사회를 고찰하고자 했기 때문이다. 이러한 점에서 《백과전서》는 정치적으로 타락한 프랑스 왕정을 무너뜨리고 새로운 공화정이 등장하는 데 중요한 토대를 마련했다고 볼 수 있다.

특히 정치뿐만 아니라 종교와 과학, 기술에 이르기까지 당시 사람들이 인식했던 모든 범주의 최신 정보를 전달함으로써 인간의 지적 정보를 확대했다는 점에서 주목할 만하다.《백과전서》를 통해 지식이 쌓인 대중은 이전 어느 시기보다도 자유와 평등을 적극적으로 요구했고, 이는 프랑스혁명으로 이어졌다. 그리고 혁명 중이던 1789년 8월 26일 국민회의는 인간으로서 누려야 할 권리인 인권선언을 공포했다. 이러한 점에서 《백과전서》는 근대 역사로의 이행을 더욱 가속화시키는 데 큰 몫을 했다.

18일

오늘의 키워드

유물론

자본주의의 생산양식은 어떻게 발전했을까?

카를 마르크스와 《자본론》

#생산수단 #변증법 #물질 #공산주의

2005년 영국 방송사 BBC가 시행한 설문조사에서 전 세계적으로 가장 많은 영향력을 미친 사상가에 카를 마르크스Karl Marx(1818~1883)가 선정되었다. 마르크스는 흔히 사회주의의 창시자로 잘 알려져 있지만, 실제로는 사회학뿐만 아니라 정치학과 경제학 그리고 역사학 등 여러 학문에 영향을 미쳤다. 마르크스가 대학을 졸업하던 19세기 중반 무렵, 프로이센에서는 산업화가 시작되고 있었다. 이에 따라 봉건주의와 자유주의가 여러 분야에서 마찰을 일으켰는데, 마르크스는 〈라인 신문〉에서 당시 사회의 현실과 정부를 비판하는 기사를 작성했다. 그는 프로이센의 봉건 체제 타파와 사회적 약자와

요한 페터 하젠클레버 Johann Peter Hasenclever,
〈1848년 혁명의 노동자 Workers at the Magistrates**〉, 1849–1850년 作.**

1848년 뒤셀도프르에서 600여 명의 실업자들이
복직을 요청하는 청원서를 제출하는 장면이다.
마르크스가 좋아한 그림으로도 유명한데,
그는 이 그림에서 계층 간 갈등과 차별을 읽어냈다.

대중의 권익을 지지했으며, 부르주아에 맞서 자유를 수호할 것을 주장했다.

〈라인 신문〉이 대형 신문사로 성장함에 따라 프로이센 당국의 검열과 탄압은 더욱 심해졌다. 결국 〈라인 신문〉은 폐간되었고, 이 과정에서 마르크스는 프리드리히 엥겔스Friedrich Engels(1820~1895)를 만났다. 그는 엥겔스와 함께 1846년에 《독일 이데올로기》라는 저서를 출판했는데, 이 저서에서 변증법적 유물론을 제시했다. 유물론唯物論은 물질을 근본적인 실재로 생각하고, 정신을 부차적인 것으로 보는 철학을 말한다. 흔히 유물론은 관념론과 대립되는 개념으로 사용되는데 유물론은 실재 세계를 구성하는 물질에 근거를 두는 반면, 관념론은 정신적인 것을 중요하게 생각하기 때문이다.

마르크스가 주장한 변증법적 유물론은 외부에 존재하는 것이 방향을 결정한다는 것이다. 이는 게오르크 헤겔이 내놓은 변증법에 유물론을 결합시킨 것으로서 헤겔은 형이상학적인 시대정신의 변화가 곧 역사의 변화라고 주장했다. 이에 반해 마르크스는 시대정신이 아닌 물질과 생산구조에 따라 역사가 변한다고 생각했다. 이는 당시 산업화가 진행 중이었던 시대 상황을 반영한 것으로 볼 수 있다. 산업화를 통해 경제적으로 풍요로워졌고, 예술과 문화가 번성하면서 지식이나 과학이 발전하게 되었고, 경제적 조건 역시 바뀌었다. 그래서 마르크스는 헤겔이 주장했던 것처럼 정신이나 이념과 같은 상부구조가 아닌 경제와 같은 하부구조가 생산력과 사회계층의 변화를 초래한다고 주장했다.

비록 변증법을 활용하고 있지만 마르크스는 자신의 변증법이 헤겔의 변증법과 다르다고 생각했다. 오히려 정반대라고 주장했다. 헤겔은 이념을 통해 현실세계를 만들지만, 마르크스에게 관념은 물질적인 것이 인간의 뇌에 반영되어 생각의 형태로 변형된 것일 뿐이었다. 이러한 유물론이 관념론과 대조적인 입장을 취하고 있기에 정반대라고 주장했던 것이다. 이와 같은 마르크스의 사상을 잘 보여주는 저서가 바로 《자본론》이다. 1867년 제1권이 출간되었고, 마르크스의 사후 엥겔스가 제2권과 제3권을 출간했으며, 그 이후에 제4권이 출간되었다.

《자본론》에서 마르크스는 사회계급을 두 가지로 구분했다. 생산수단을 소유한 부르주아와 소유하지 못한 프롤레타리아다. 그는 프롤레타리아의 노동시간을 통해 상품이 만들어지고, 이 노동시간은 다시 부르주아를 위한 잉여시간과 상품을 만들 수 있는 필요시간으로 구분된다고 설명했다. 그리고 부르주아가 잉여시간을 통해 이윤을 축적한다고 말한다. 이는 자본주의사회에서 반복적으로 나타나는 현상이며 결국 부르주아는 계속 이윤을 축적하지만, 프롤레타리아는 이윤을 축적할 수 없어 이들 사이에 빈부 격차가 발생할 수밖에 없다. 사회구조적으로 그럴 수밖에 없다는 것이다.

작자 미상, 〈피의 일요일〉, 1947년 이전 作.

1905년 발생한 '피의 일요일' 사건은 러시아에서
전제군주제가 폐지되는 계기가 되었다.

마르크스는 이러한 현상이 발생하는 이유를 생산의 무정부성 때문이라고 보았다. 자본주의 사회에서는 개인의 사유재산에 제한이 없기 때문에 부르주아가 이윤을 추구하기 위해 더 많이 생산하고, 더 많은 자본을 가지려고 한다. 하지만 어느 누구도 이러한 과정에 개입하거나 간섭할 수 없다. 결국 수요가 공급에 미치지 못하면서 포화 상태가 되고, 이런 상태에서는 올바른 가격이 매겨질 수 없다. 마르크스는 이러한 유물론을 인류 역사에 적용시켰다.

또한 마르크스는 경제구조로 사회발전단계를 설정했다. 경제구조의 형식에 따라 사회를 구분한 것인데, 인류 역사는 원시 공산사회에서 고대 노예사회, 중세 봉건사회, 자본주의사회를 거쳐 공산주의사회로 발전한다고 주장했다. 이렇게 역사가 발전하는 원동력이 바로 하부구조다. 마르크스에 따르면 상부구조를 이루는 것은 주로 정치나 법률, 종교, 문화, 예술 등이고, 하부구조를 이루는 것은 경제다. 생산관계에 따라 하부구조가 결정되며, 이러한 하부구조의 변화에 따라 상부구조 역시 변화한다는 것이다. 그에게 경제는 사회의 가장 중요한 토대였다. 그리고 이렇게 생산과 생산물의 교환관계로 사회를 정의하고 구분함으로써 마르크스는 역사를 물질적 가치를 추구하는 인간의 행위로 정의했다.

1917년 러시아는 유물론과 경제사관을 중심으로 인류 역사를 정의한 마르크스의 역사관과 공산주의 사상을 수용해 전제군주제를 폐지하고 세계 최초로 공산주의 국가를 수립했다. 19세기 말, 러시아 역시 산업화가 시작되면서 자본주의가 급속히 확산되었고, 노동자의 수가 200만 명 이상으로 증가했다. 그러나 이와 같은 경제적 발전에도 불구하고 노동자의 삶은 비참하기 짝이 없었다. 노동자 연맹이 증가했고, 파업이 발생했다. 부르주아는 여전히 이러한 현실에 아무런 관심이 없었고, 차르 역시 마찬가지였다. 결국 이렇게 끔찍한 노동조건 속에서 자본주의사회를 거쳐 공산주의사회를 실현하려는 움직임이 발생했고, 이때 마르크스의 《자본론》이 러시아어로 번역 보급되었다.

소련을 비롯해 공산주의 국가들이 전락하면서 마르크스가 주장한 인류 역사의 발전 구조가 더는 적합하지 않다는 것을 오늘날 우리는 잘 알고 있다. 사실 마르크스는 지나치게 경제적 요소만 강조하는 바람에 비경제적 요소, 특히 정신이나 의지와 같은 요소들의 작용을 간과했다는 한계점을 가지고 있다. 그럼에도 《자본론》을 통해 보여준 마르크스의 역사관은 이후 경제사나 사회사 등 역사학의 다른 분야가 발전하는 데 중요한 토대가 되었다. 특히 역사를 분석하는 데 노동자나 여성 등 지배받고 소외된 사람들에게 초점을 맞추었다는 점에서 중요한 의의를 가진다.

19일

오늘의 키워드
객관적 역사

객관적 입장에서 서술한다

레오폴트 폰 랑케와
《라틴 및 게르만 여러 민족의 역사》

#사료_비판 #사고_수집과_검증 #중립적_관찰 #역사학의 과학화

'라쇼몽 효과'라는 용어가 있다. 같은 사건에 대해서도 각자의 입장에 따라 사실을 다르게 해석하는 현상을 의미하는데, 이는 1950년에 제작된 구로사와 아키라黑澤明 감독의 영화 〈라쇼몽〉에서 유래한 것이다. 라쇼몽은 헤이안 시대 수도의 정문인 나성羅城의 문을 의미한다. 수도의 정문이지만 더는 당나라 사신이 왕래하지 않으면서 폐허가 되어버렸다. 이후 사람들은 시체를 버리는 용도로 주로 사용했다.

영화 〈라쇼몽〉을 보면 폭우가 쏟아지던 날, 라쇼몽에서 세 남자가 비를 피하면서 살인사건에 대해 이야기를 주고받는다. 한 사람은 죽은 사무라이 시체를 발견하고 관청에 신고한 나무꾼이고, 다른 한 사람은 사무라이와 그 아내가 지나가는 것을 목격한 승려다. 그리고 나머지 한 사람은 이 두 사람으로부터 사건에 대한 이야기를 듣는다.

우선 나무꾼은 나무를 하러 갔다가 사무라이의 시체를 보았고, 거기에는 여자의 모자와 사무라이의 모자 그리고 잘린 밧줄이 있었다고 말한다. 그리고 도둑 다조마루를 잡은 사람은 다조마루가 쓰러져 있는 것을 발견했는데 그가 가진 말이나 활, 화살은 모두 죽은 사무라이의 것이었다. 그는 다조마루가 말에서 떨어졌다고 말한다. 그러나 다조마루는 말에서 떨어진 것이 아니라 샘물을 마신 뒤 복통으로 쓰러졌다고 주장하면서 사무라이의 아내를 빼앗으려 했다고 말한다. 그는 보물을 숨겨두었다고 거짓말해서 사무라이를 포박하고, 그의 앞에서 아내를 강간했다. 강간당한 아내 마사코가 두 사람의 싸움을 부추겼고, 다조마루는 그 싸움에서 사무라이를 죽이게 되었다는 것이다. 그리고 그 사이에 마사코는 사라져버렸다고 말한다.

아내 마사코는 다조마루가 자신을 강간한 후 달아났고 남편이 자신을 싸늘한 표정으로 노려보았다고 진술했다. 그녀는 남편에게 자신을 죽여 달라면서 단도를 내밀었고, 결국 실신했다. 정신이 들었을 때 자신의 단도가 남편의 가슴에 꽂혀 있었고, 이후 연못에 몸을

던지려 했지만 결국 목숨을 끊지 못했다는 것이다. 그리고 이미 죽은 사무라이는 무녀에 빙의해서 증언을 하는데 다조마루가 아내를 겁탈했고, 아내가 다조마루에게 자신을 죽이라고 종용했다고 주장했다. 그런 그녀를 괘씸하게 여긴 다조마루는 자신에게 아내를 죽일지 살릴지 결정하라고 했는데, 그 사이에 그녀가 도망을 쳤다는 것이다. 이후 다조마루가 자신을 풀어주었고, 자신은 그를 용서했다고 말한다. 하지만 아내의 배신감에 괴로워하다가 자결했는데, 이후 누군가 자신의 몸에 꽂힌 단도를 빼갔다고 주장한다.

이렇게 하나의 사건을 둘러싸고 관련자들의 진술이 서로 엇갈리자 사건은 미궁에 빠졌다. 하지만 실제로 나무꾼은 사무라이의 시체를 발견한 것이 아니라 사건을 목격했다. 다조마루는 마사코를 겁탈한 후 그녀를 꼬셨지만, 그녀는 결박당한 사무라이를 풀어주었다. 그러자 다조마루는 그녀가 남자끼리의 결투를 원하는 것이라고 생각했고, 사무라이는 겁탈당한 아내 때문에 목숨을 건 결투를 하고 싶지 않다고 했다. 결국 두 남자는 모두 아내를 버렸는데, 이에 아내는 다조마루와 사무라이에게 진정한 남자가 아니라면서 싸움을 부추겼다. 결국 두 남자는 싸움을 하다가 사무라이가 다조마루의 칼에 죽는다. 마사코는 다조마루를 거부하고 도망갔고, 다조마루가 자신과 사무라이의 칼을 들고 달아난 것이다. 이것이 바로 사건의 진실이었다.

이렇게 객관적인 사실에 대해 서로 다른 이야기를 하는 이유는 여러 가지다. 욕심이나 이기심 때문일 수도 있고, 인간의 불완전하거나 주관적인 기억 때문에 그럴 수도 있다. 〈라쇼몽〉의 등장인물들은 실제로 발생한 사건을 자신에게 유리하도록 의도적으로 기억을 재구성하고, 거짓을 진실이라고 말함으로써 진실을 은폐하려고 했다.

이러한 현상이 영화에서뿐만 아니라 실제로도 왕왕 발생하다 보니 역사학에서는 사실을 있는 그대로 보여주는 것이 중요하다는 주장이 제기되기 시작했다. 이러한 역사 이론을 실증주의라고 부르는데, 원래 실증주의는 19세기 말 프랑스의 철학자 오귀스트 콩트Auguste Comte(1798~1857)로부터 유래했다. 콩트는 자신의 저서에서 "과학으로부터 예측이, 예측으로부터 행동이 나온다"라고 서술하면서 자연과학에서 활용하는 관찰과 실험, 비교라는 방법을 사회학 연구에도 적용해야 한다고 주장했다. 이러한 영향을 받아 실증주의는 경험에 근거한 가설이나 이론을 검증하고, 실제로 존재하는 증거를 중요하게 생각했다.

역사학자 중에 실증주의를 가장 적극적으로 실천에 옮기고자 했던 사람이 바로 19세기 독일의 역사학자 레오폴트 폰 랑케Leopold von Ranke(1795~1886)다. 그는 김나지움 교사로 근무하면서 수행했던 연구를 1824년 《라틴 및 게르만 여러 민족의 역사》라는 저서로 내놓았다. 이 저서의 서문으로 그는 매우 유명해졌는데, 바로 "있는 그대로

조르주 루제 Georges Rouget,
〈나폴레옹 1세와 마리 루이즈의 결혼〉, 1810년 作.

이 결혼에 중요한 역할을 담당했던 사람은 오스트리아 정치가 메테르니히Metternich였는데, 그는 랑케와 친분이 매우 두터웠다.

의 사실을 다루고자 했다Wie es eigentlich gewesen"라는 문장 때문이었다. 랑케는 역사가는 자신의 생각이나 편견을 버리고, 과거 사실을 '실제 있는 그대로' 서술해야 한다고 주장했다. 이와 같은 객관적인 서술을 통해 과거에 발생했던 역사적 사실이 절대적 영역이 될 수 있다는 것이다.

사실 고대부터 역사는 과거의 경험을 통해 교훈을 전달해야 한다는 기능이 강조되었는데, 랑케는 역사의 이와 같은 교훈적 성격을 거부했다. 교훈을 전달하려다 보면 객관적 진실을 외면하거나 왜곡할 수 있기 때문이다. 그는 역사를 민족이나 종교 등을 통해 대변하고자 하는 것은 올바른 역사 인식이 아니라고 생각했다. 가장 중요한 것은 오직 역사 그 자체만을 인식하는 것이며, 주관적인 판단이나 가치를 개입시키지 말아야 한다고 주장했다.

이를 위해서 랑케가 무엇보다도 강조했던 것은 사료의 수집과 철저한 검증과 평가였다. 그는 사료를 객관적이고도 과학적인 것으로 취급했다. 과거의 진실을 밝히기 위해서는 1차 사료를 연구해야 하며, 역사는 철학이나 시학 등의 학문으로부터 벗어나 독립적인 학문으로 존재해야만 했다. 이와 같은 랑케의 실증주의 역사관은 역사를 외부에 존재하는 객관적 실재로 설정한다. 이와 더불어 그는 역사를 인과관계에 따른 법칙성을 가진 것으로 간주했다. 역사가는 이 세상에 존재하는 모든 편견에서 벗어나 과거의 역사적 사실을 중립적으로 관찰할 수 있어야 한다. 또한 그는 역사가 신의 지배를 받지 않으며, 가정의 지배도 받지 않는 합리적인 과정이라고 생각했다. 즉 자연과학과 마찬가지로 역사학 역시 일반성과 법칙을 추구해야 한다고 생각한 것이다.

랑케의 이러한 주장은 사료와 문헌의 객관성과 역사적 진실을 판단하는 엄격한 기준을 세우고 이를 통해 사료를 검증하고 비판하는 연구들이 등장하는 데 중요한 토대를 마련했다. 자연과학에서 강조하는 연구 방법을 역사학에도 적용함으로써 그는 역사학의 위상을 높이고 역사학이 다른 학문으로부터 벗어나 독자적인 학문으로 자리매김하는 데 중요한 역할을 했다. 물론 역사가의 역할을 객관적 사실을 전달하는 것으로만 제한했다는 한계점도 가지고 있지만, 랑케 이후 역사학은 독자적 학문 분야로 발전하기 시작했다. 이러한 점에서 랑케는 그야말로 '근대 역사학의 아버지'라 할 수 있다.

20일

오늘의 키워드

인간 정신

인간 정신을 통해 역사 속 삶을 이해한다

빌헬름 딜타이와 《정신과학에서 역사적 세계의 건립》

#정신세계 #정신과학 #상대적_가치 #다양성

제2차 세계대전이 발발하기 전 스페인은 북아프리카에서 발생한 모로코와의 전쟁에서 고전을 면치 못했고, 경제적 위기와 정치적 무능으로 왕정에 대한 불만이 고조되었다. 수십 차례의 쿠데타와 정치적 위기가 발생했고, 결국 왕이 프랑스로 망명하면서 공화국이 되었다. 하지만 국민 진영과 공화파 사이에 갈등이 심해졌는데, 공화파가 선거에서 이겨 집권했음에도 불구하고 국민 진영은 반란을 일으켜 수많은 사람을 공산주의자로 몰아 학살했다. 이 시기에 스페인뿐만 아니라 유럽 전역에서 만연했던 것이 파시즘이었다. 그러다가 1937년 4월 26일 국민 진영에 파견된 독일 군대가 바스크 지방

프란시스코 고야 Francisco Goya**,**
〈1808년 5월 3일의 학살〉, 1814년 作.

나폴레옹이 자신의 동생을 스페인 왕위에 앉히자
시민들이 저항했던 1808년 5월 3일의 사건을 그린 것이다.
게르니카 폭격과 마찬가지로 당시에도 수많은 민간인이 희생되었다.

의 게르니카에 폭격을 가했다. 마침 이날은 시장이 열리는 날이라 많은 사람이 모여 있었고, 안타깝게도 2,000명 이상의 사상자가 발생했다.

당시 피카소Pablo Picasso는 프랑스에서 개최하는 세계박람회에 전시할 그림을 구상하고 있었다. 그는 공화파로부터 스페인의 끔찍한 현실을 알릴 수 있는 작품을 그려달라는 부탁을 받았는데, 그러던 중 게르니카 폭격 사건을 접하게 되었고, 한 달 만에 7.7미터에 달하는 큰 작품을 완성했다. 바로 〈게르니카〉다. 이 그림을 통해 피카소는 전쟁의 참혹함과 광기, 공포를 생생하게 보여주고자 했고 그의 의도대로 전 세계에 전쟁의 끔찍함을 알릴 수 있었다.

이탈리아의 정치가이자 파시스트당 당수 베니토 무솔리니Benito Mussolini(1883~1945)는 "자유주의는 개인의 이익을 위해 국가를 부정한다. 파시즘은 국가가 개인의 진정한 실체라는 것을 확인한다. 파시즘은 국가와 개인의 자유가 진지하게 고려될 수 있는 국가 내에서의 유일한 자유를 위한 것이다. 파시스트에게 모든 것은 국가 안에 있고, 국가 밖에서는 법적이거나 정신적인 것이 아무것도 존재할 수 없거나 가치가 없기 때문이다"라고 단언했다. 파시즘은 독재자가 권력을 가지고 통제하는 극우 전체주의를 의미한다. 제1차 세계대전 이후 사회주의 철학자 조반니 젠틸레Giovanni Gentile(1875~1944)가 세운 이론으로, 그는 파시즘이야말로 사회주의를 가장 잘 실천할 수 있는 방법이라고 생각했다. 사회나 국가에 대한 개인의 복종이야말로 진정한 민주주의의 실현이라고 생각했기 때문이다.

파시즘은 라틴어 '파스케스Fasces'에서 유래했다. 파스케스는 깃발의 문장에 주로 등장하는데, 권력과 사법권을 상징한다. 고대 로마제국에서는 흰 자작나무 막대기를 붉은 가죽띠로 묶고 막대기 사이에 청동 도끼를 끼웠다. 이는 로마공화정을 상징했는데, 이후 파스케스는 권력을 상징하는 데 사용되었다. 파시즘은 무엇보다도 국가를 가장 우선시하고 결속을 강조하는 사상이기 때문에 파스케스는 파시즘의 상징에 잘 부합했다.

파시즘을 따르는 사람들은 인간이 사회를 형성하는 것이 아니라 사회가 인간을 형성한다고 주장했다. 이들에게 자연 상태에서 사회계약을 통해 국가를 형성하거나 자본주의사회 이후에 공산주의사회가 등장하는 것은 역사적 순리에 맞지 않았다. 인간이 추구해야 할 가장 중요한 가치는 사회라고 생각했는데, 이는 특히 생디칼리즘syndicalisme으로부터 많은 영향을 받았다. 생디칼리즘은 19세기 말 프랑스의 무정부주의적 노동운동을 말하는데, 파업이나 항의 등과 같은 투쟁을 통해 정부를 무너뜨리고 노동조합이 생산 주체로 나서서 자본가의 착취가 없는 평화롭고 자유로운 사회를 만들 수 있다는 주장이다. 이 사상은 프랑스의 사회주의 사상가 조르주 소렐Georges Sorel(1847~1922)이 강조한 것으로서 그는 폭력을 옹호하고, 자본주의 사회가 붕괴하면 공산주의사회가 도래하는 것이 아니라 무정부사회가 출현한다고 주장했다.

소렐의 이러한 사상에 많은 영향을 준 것은 생철학生哲學이다. 생철학은 세기 전환기 독일과 프랑스에 등장한 철학 사조로 후일 실존주의에도 많은 영향을 미쳤다. 제1차 세계대전을 경험하면서 부르주아 사상이 당시 사회가 직면한 문제를 해결할 수 없다고 믿는 사람들 사이에서 널리 확산되었는데, 생철학을 주장한 대표적인 철학자로는 아르투어 쇼펜하우어Arthur Schopenhauer(1788~1860)와 프리드리히 니체Friedrich Wilhelm Nietzsche(1844~1900) 등이 있다. 그리고 독일의 철학자이자 역사학자 빌헬름 딜타이Wilhelm Dilthey(1833~1911) 역시 생철학을 강조한 사람 가운데 하나였다.

생철학은 생물학적 생명을 세상의 근본으로 보는 관점과 정신으로 보는 관점으로 크게 구분할 수 있는데, 딜타이는 후자에 속한다. 그는 생철학이 자연과학으로부터 많은 영향을 받긴 했지만 자연과학과는 다른 정신과학이 존재한다고 주장했다. 이러한 정신과학을 다루는 학문을 연구하기 위해 그는 자연과학적 방법과 형이상학적 방법을 모두 배제하고 삶 그 자체를 이해할 것을 강조했다. 이를 위해 무엇보다 중요한 것이 바로 경험이었다. 그는 자연의 현실과는 다른 차원의 정신적 현실이 존재하며, 여기에 역사학을 비롯해 인문학과 사회학이 포함된다고 생각했다.

사실 자연과학의 법칙과 방법을 인간의 정신과 심리를 연구하는 데 적용할 수 있다는 생각은 이미 17세기부터 존재했다. 딜타이도 초기에는 자연과학과 마찬가지로 정신과학 역시 법칙을 적용해 설명할 수 있을 것이라고 기대했지만, 이후 인간의 정신세계에는 외적 접근보다 내적 접근이 더 타당하다는 사실을 깨달았다. 그는 자연과학의 법칙이 적용되지 않는 학문의 대상이 존재한다는 것을 강조하면서 이를 이해하기 위해서는 새로운 방식의 인식과 접근이 필요하다고 주장했다. 인간의 정신은 자연과 달리 인과법칙으로 설명할 수 없는 부분이 많기 때문이다.

이러한 전제를 토대로 딜타이는 인간의 삶 속에서 정신세계가 역사적으로 발전한다고 생각했다. 정신과학은 바로 이러한 역사적 발전 과정과 그 속에서 나타나는 현상을 다루는 학문이다. 그 과정에서 인간은 생의 통일체가 될 수 있는데, 이는 육체적 통일과 정신적 통일을 모두 의미한다. 이러한 통일 사이에는 역동적 관계가 존재하지만, 이를 동시에 파악하기란 불가능하기 때문에 육체와 정신을 구분해서 파악해야 한다는 것이다.

정신과학에 대한 딜타이의 이러한 생각은《정신과학에서 역사적 세계의 건립》이라는 저서에 구체적으로 드러난다. 그는 절대적 가치를 거부하고 상대적 가치를 강조하는 역사적 해석을 거부했다. 대신 비교를 통해 다양성을 이끌어냈고, 부분과 전체의 관계를 조명함으로써 순환론적 역사론을 제시했다. 특히 이러한 순환론이 심리적 요인과 밀접한 관련성을 가지고 있음을 강조했다. 심리적 요인들이 역사적 또는 문화적 맥락 속에서 의미를 부여하고, 이를 통해 역사가는 과거 사실을 대상화할 수 있기 때문이다. 그에게 인간의 삶과 역사의 의미는 바로 자신이 새롭게 제시한 정신과학의 대상이자 목적이었다.

21일

오늘의 키워드
역사의 주관성

역사는 역사가의 주관적 산물이다

로빈 콜링우드와
《역사의 인식》

#사고_과정 #사건에_대한_사고 #주관성 #반실증주의

부패한 형사가 권투 경기장에 갔다가 옛 친구를 우연히 만났다. 친구는 경기를 관람하러 온 국방부 장관을 수행하는 임무를 담당하고 있었는데, 그가 잠시 자리를 비운 사이에 국방부 장관이 암살당한다. 경기장에 있던 모든 사람이 용의자로 지목되었고, 형사는 수사를 진행하면서 결국 자신의 친구가 범인이라는 사실을 알게 된다. 범인을 잡은 형사는 훈장을 받고 유명인이 되었지만, 기자들이 그의 모든 행동을 취재하면서 그가 부패한 형사라는 사실이 드러난다. 1998년 개봉한 범죄영화 〈스네이크 아이〉다. 이 영화는 무엇보다도 오프닝에서 13분가량의 롱테이크 장면을 연출한 것으로 관객의

라파엘로 산치오 Raffaello Sanzio,
〈아테네 학당〉, 1509–1511년 作.

가운데 붉은 가운을 입은 사람이 플라톤이고,
그 옆에 푸른 가운을 입은 사람이 아리스토텔레스다.

주목을 받았다.

영화에서 테이크take는 카메라를 한 번 작동시켜서 하나의 쇼트shot를 촬영하는 것을 의미한다. 쇼트는 영화의 최소 단위로서 쇼트가 모여 장면을 이룬다. 일반적으로 롱테이크는 편집하지 않고 1~2분 이상 쇼트를 진행한다. 카메라의 고정 여부에 따라 두 가지로 구분할 수 있는데, 고정된 카메라는 시간이나 공간의 현실성을 더욱 부각시킨다. 이런 기법을 활용한 대표적인 롱테이크로는 〈서편제〉의 넓은 들판 장면을 들 수 있다. 역동적인 카메라는 여러 가지 기법을 활용하는데, 〈스네이크 아이〉에서는 경기장의 관객으로 등장한 1만 4,000여 명의 움직임을 13분 이상 롱테이크로 보여줌으로써 역동성과 다양한 정보를 제공했다. 전문가들은 이를 '롱테이크의 미학'이라고 부른다.

미학美學은 미적인 것에 대한 사상을 탐구하는 철학의 한 분야다. 미술사와 같은 역사학에서도 예술을 다루지만, 미학은 예술에 대한 철학을 다루기 때문에 미술사와는 구별되는 학문 분야다. 미학의 기원은 고대 그리스까지 거슬러 올라간다. 그리스 철학자 플라톤은 지식과 진리의 근원인 이데아idea를 주장했는데, 이데아는 이데아계에만 존재하기 때문에 현실 세계에 존재하는 것은 그림자에 불과하다고 생각했다. 그에게 육체나 정신, 예술작품 등은 모두 이데아의 그림자였고, 예술은 대상에 변화를 야기하거나 진정한 지식으로 기능할 수 없는 것이었다. 반면 아리스토텔레스는 예술을 상당히 긍정적인 것으로 간주했다. 비극을 보면서 눈물을 흘리면 감정이 정화되기 때문에 유용하다고 생각한 것이다.

미학이라는 용어는 18세기부터 사용하기 시작했다. 독일 철학자 알렉산더 바움가르텐Alexander Gottlieb Baumgarten(1714~1762)은 이성적인 학문의 표상인 논리학과 대비되는 감성적인 학문이 필요하다고 생각했고, 미학을 철학으로부터 분리시켜 학문적 토대를 마련함으로써 '미학의 아버지'라고 불린다. 고대 그리스에서 미학은 미의 본질을 추구하는 형이상학적 학문이었다면, 근대의 미학은 감성적 인식을 통해 인지한 것을 미의 대상으로 삼는다. 다시 말해 이념으로 추구하는 미가 아니라 의식에 따른 것이다.

미학에 대한 연구는 19세기에도 활발했는데, 그 대표적인 인물로 이탈리아의 역사가 베네데토 크로체Benedetto Croce(1866~1952)를 들 수 있다. 크로체는 직관과 표현을 매우 중요하게 생각했기 때문에 "예술은 직관이자 표현"이라고 말하기도 했다. 그는 미적 체험을 1차적 인식 체험으로 간주했고, 이러한 인식을 얻는 수단이 바로 직관이라고 믿었다. 그에 따르면 지식은 크게 두 가지로 구분할 수 있다. 한 가지는 개념적 지식인 논리이고, 다른 한 가지는 직관적 지식인 상상력이다. 논리는 개념을 창출하고, 상상력은 이미지를 낳는다. 크로체는 세상에 개념을 통해 정의할 수 없는 진실이 존재한다고 주장했는데, 예술이 이에 해당한다. 예술은 논리나 개념으로 이해할 수 있는 것이 아니라 직관을 통해 이해할 수 있다는 것이다.

크로체 외에도 미학에 관심을 가진 역사가가 또 있는데 영국의 역사가 로빈 콜링우드Robin George Collingwood(1889~1943)다. 콜링우드는 예술의 본질은 논리적 판단에 선행하는 상상력이며, 예술작품은 예술가의 창조적 감정이 표현되어 파생되는 결과물이라고 생각했다. 그래서 그에게 미학은 예술이란 무엇인가를 정의하는 학문으로 인식되었다. 콜링우드는 "진정한 예술은 재현할 수 없다"라고 주장했는데, 이는 그가 예술작품의 독창성을 중요하게 여겼기 때문이다. 그에게 상업적 목적으로 만들어진 예술작품은 나름대로 예술적 동기가 존재하기는 하지만, 재현이라는 목적에 종속되기 때문에 비예술적인 목적을 가진 작품으로 변질될 수 있는 것이었다.

콜링우드는 대상의 보편성을 보여주는 재현이야말로 예술의 재현이라고 생각했다. 이는 진정한 예술가에 의해서만 가능하며, 이를 통해 참된 예술에 도달할 수 있다고 믿었다. 그에게 예술의 기능은 표현이었는데, 가장 중요한 것은 감정의 표현이었다. 그는 감정을 색이나 감각, 소리, 고통이나 즐거움, 분노와 같은 감정 등으로 구분했고 감각과 감정은 같이 경험하는 것이기 때문에 하나의 미적 경험에 두 개의 요소가 동시에 존재한다고 생각했다. 그러나 콜링우드는 감정을 표현하는 것과 감정을 서술하는 것을 구분했다. 콜링우드에 따르면 예술가는 자신의 감정을 차별화된 언어를 통해 명확하게 표현하고, 이를 감상하는 사람은 자신의 감정을 표출할 수 있어야 한다. 훌륭한 배우는 슬픈 장면에서 진짜 눈물을 흘리는 능력이 있는 사람이 아니라 그 눈물이 어떤 눈물인지 자신과 관객에게 보여줄 수 있는 사람이라는 것이다.

콜링우드는 미학 외에도 역사의 주관성에 관심을 가졌다. 그는 레오폴트 랑케를 비롯한 실증주의 역사가가 주장하는 바와 달리 역사는 결코 과학이 될 수 없다고 생각했다. 콜링우드는 역사 사료에서 중요한 것은 사실 여부가 아니라 그것이 지니는 의미라고 믿었다. 그래서 역사학의 대상을 사고에 두고, 사고 과정을 인식하는 역사 방법론을 모색하고자 했다. 그 결과 역사가의 사고가 자율적이고 자기 권위적이며 기준이 된다는 것을 깨달아야 한다는 결론을 내렸다.

콜링우드의 주장에 따르면 역사가는 과거에 발생한 사건에 관여하지 않는다. 역사가가 관심을 가지는 것은 생각이 외부로 표현된 사건뿐이며, 사건에 대해 생각을 표현한 사람이다. 결국 역사가는 과거에 발생했던 사건 그 자체가 아니라 사건에 대한 사고에 관심을 갖는다는 것이다. 역사가는 이러한 사고를 스스로 다시 생각함으로써 역사적 의미를 부여한다. 콜링우드에게 역사적 사고가 존재하는 곳은 사고의 과정뿐이다. 다시 말해 역사적 과정은 그 자체가 사고의 과정이고, 그 과정의 일부인 정신을 인식하고 정신 역시 이러한 과정의 일부라는 것을 인식해야 한다는 것이다. 이를 통해 그가 찾고자 한 것은 실증주의 역사가가 잃어버린 주관성이었다.

22일

오늘의 키워드
서구의 몰락

역사를 인간의 생애주기에 비유하다

오스발트 슈펭글러와 《서구의 몰락》

#출생 #성장 #쇠퇴 #소멸

파리에서 활동하는 미국 언론인 제이크 반스는 제1차 세계대전에 참전했다가 성불구가 된다. 병원에서 만난 브렛 애슐리와 사랑하는 사이지만, 그녀는 한 남자에 만족하지 못하고 여러 남자를 오간다. 제이크는 애슐리와 육체적 사랑을 나누지 못해 괴로워하다 스페인으로 여행을 떠나 투우 경기에 빠져들지만, 결국 애슐리와 재회하게 된다. 제이크의 1인칭 관점으로 서술된 이 소설은 1926년에 출간된 어니스트 헤밍웨이Ernest Hemingway(1899~1961)의 《태양은 다시 떠오른다》이다. 헤밍웨이는 이 소설의 서문에서 미국의 소설가 거트루드 스타인Gertrude Stein(1874~1946)의 말을 인용해서 '잃어버린 세대Lost

프랑시스 피카비아 Francis Picabia**,**
〈거트루드 스타인 초상화〉, 1937년 作.

입체주의와 초현실주의 화가 피카비아는
미국 소설가 거트루드 스타인과 친한 관계를 유지했다.
그녀는 피카비아 외에도 피카소의 초상화 모델이 되기도 했다.

Generation'라는 표현을 사용했다.

'잃어버린 세대'는 제1차 세계대전이 끝난 후 절망이나 허무감을 문학작품에 반영한 미국의 지식인들과 예술파 청년들을 일컫는 말이다. 전쟁 때문에 인생의 의미나 목표를 잃고 방황한다는 뜻에서 유래된 표현으로 헤밍웨이와 프랜시스 피츠제럴드Francis Scott Fitzgeald (1896~1940), 윌리엄 포크너William Faulkner(1897~1962) 등 여러 작가를 지칭했다. 이후 헤밍웨이에 의해 세대 전체를 지칭하는 용어로 사용되기 시작했다.

오스트리아 황태자가 사라예보에서 암살된 사건을 직접적인 계기로 시작된 제1차 세계대전은 그야말로 유럽을 황폐하게 만들었다. 전쟁의 가장 중요한 원인은 유럽의 세력 팽창이었다. 산업혁명 이후 생산력이 증가하면서 유럽의 여러 국가들은 상품 생산의 자원을 얻고 판매할 수 있는 시장이 필요했다. 가장 먼저 산업혁명이 시작된 영국은 세계 여러 지역에 식민지를 보유했지만, 독일의 경우 뒤늦게 산업화가 시작되어 식민지로 확보할 만한 지역이 거의 남지 않은 상황이었다. 영국이나 프랑스 등 이미 많은 식민지를 차지한 국가와 독일 등 후발 산업국 사이에 식민지를 둘러싼 쟁탈전이 벌어졌고, 결국 이는 제1차 세계대전이라는 비참한 결과를 초래했다.

제1차 세계대전으로 인한 피해는 실로 막대했다. 이 전쟁은 인류 역사상 유례없는 인명 피해를 초래했는데, 전 세계적으로 900만 명

이상의 사망자와 2700만여 명의 부상자가 발생했다. 전쟁 미망인과 고아도 각각 약 400만 명과 800만 명에 달했다. 경제적 피해도 상당했는데, 당시 전쟁 참전국은 군비를 세금이나 차관으로 마련했기 때문에 채무가 기하학적 수준에 달했다. 유럽 전역에서 300퍼센트 이상의 인플레이션이 발생했고, 패전국 독일의 상황은 특히 심각해서 화폐가 그 기능을 상실할 정도였다.

이렇듯 유럽 전체를 황폐화시킨 제1차 세계대전의 발발을 예견한 역사가가 있었다. 바로 독일의 역사가 오스발트 슈펭글러Oswald Spengler(1880~1936)다. 그는 제2차 모로코 위기를 지켜보면서 한 권의 책을 구상했는데, 바로 《서구의 몰락》이다. 제2차 모로코 위기는 1911년 7월 1일 독일이 모로코 서남부에 위치한 아가디르에 전함을 파견하면서 발생했다. 당시 독일은 자국 국민을 보호하기 위해서라고 주장했지만, 실제로는 모로코에서 발생한 주민 반란에 프랑스가 개입하자 이에 대응하기 위한 것이었다. 이후 독일과 프랑스 사이에서 전쟁이 발발할 조짐이 보였지만, 오랜 협상 끝에 가까스로 위기를 모면했다. 제2차 모로코 위기를 계기로 모로코는 프랑스령이 되었고, 독일은 프랑스령 콩고의 일부를 할양받았다.

슈펭글러는 이러한 현상을 지켜보면서 이미 19세기부터 시작된 서구의 몰락이 향후 2~3세기 이내에 현실화될 것이라고 주장했다. 이와 더불어 슈펭글러는 사상가란 "자신의 직관과 이해를 통해 시대를 상징적으로 나타내도록 규정된 사람"이라고 정의하면서, 사람은 현재 존재하는 것의 근본 원리를 아무런 모순 없이 통찰하는 것이 불가능하기 때문에 사상가는 자신에 의해 세계상으로 태어난 것을 진리로 간주해야 한다고 강조했다. 결국 진정한 사상가는 내면에서 발견한 본질을 설명할 수 있어야 하고, 이를 통해 세계를 이해할 수 있다는 것이다.

슈펭글러는 저서에서 세계사를 인간의 생명에 비유했다. 인간처럼 세계사도 출생과 성장, 쇠퇴 그리고 소멸하는 단계를 거친다는 것이다. 이와 더불어 세계에는 이집트, 바빌로니아, 인도, 중국, 고대 그리스와 로마, 이슬람, 멕시코, 서유럽이라는 8개의 문화권이 존재하는데, 이런 문화권이 생명이 탄생하고 소멸하는 것처럼 여러 세기를 순환한 다음 몰락한다고 주장했다.

그의 주장에 따르면 세계사의 유년기는 문화 이전의 단계다. 청년기는 문화가 발전하는 초기 단계로서 봉건시대가 이에 해당한다. 이 시기에 출현한 정치, 경제 제도가 한계를 드러내면서 도시와 국가 그리고 지식인의 역할이 중요해졌다. 장년기는 문화의 후기 단계인데, 이 시기가 되면 문화는 완전히 성숙한 단계에 이른다. 계몽주의시대가 이에 해당하며, 이때 서유럽의 지적 수준과 창의력은 그야말로 절정에 달해 있었다. 그리고 노년기는 문화의 마지막 단계로서 타락한 도시가 등장하면서 창조성이 사라지고 물질만능주의가 만

요한 하인리히 티슈바인 Johann Heinrich Tischbein,
〈프리드리히 2세의 초상화〉, 1773년 作.

슈펭글러는 서구의 몰락을 피하기 위한 정신을
프로이센의 군주 프리드리히 2세에게서 찾았다.

연해진다. 이는 결국 전쟁을 초래해 사회 정의가 붕괴되는데, 슈펭글러에게 20세기 초 서유럽의 모습이 바로 이러한 노년기에 해당하는 상황이었다.

《서구의 몰락》은 출간 이후 엄청난 반향을 불러일으켰다. 서유럽이 반드시 몰락할 수밖에 없다는 강력한 주장 때문이었다. 그러나 그가 자신의 저서에서 강조하고자 했던 것은 서유럽의 필연적인 몰락이라기보다 이러한 몰락으로부터 서유럽을 구원해줄 수 있는 정신을 찾아야 한다는 것이었다. 그는 이러한 정신을 프로이센의 전제군주제에서 찾고자 했다.

프로이센의 프리드리히 2세Friedrich II는 슈펭글러가 가장 성숙한 단계로 구분한 계몽주의시대에 위로부터의 개혁을 추구한 군주였다. 그는 프로이센을 강력한 국가로 만들기 위해 볼테르를 초청해 스스로 계몽사상을 수용했고, 근대 산업을 육성했으며, 교육과 정치와 경제 등 다양한 부분에서 개혁을 시도했다. 슈펭글러에게 제1차 세계대전이 임박한 서유럽의 상황은 이러한 전면적인 개혁이 필요한 상황이었던 것이다. 슈펭글러의 이러한 역사철학은 후일 아돌프 히틀러가 등장한 배경을 제공했다는 비판을 받기도 했지만, 아널드 토인비Arnold Joseph Toynbee (1889~1975)의 역사 연구에도 많은 영향을 미쳤다.

23일

오늘의 키워드

역사의 재구성

역사는 현재와 과거의 끊임없는 대화다

에드워드 카와 《역사란 무엇인가》

#역사가의_해석 #과거와_현재와의_대화 #주관성 #절충주의

고졸 출신의 변호사는 세금 전문 변호사로 출세한다. 하지만 부산의 변호사 모임에서는 그를 고졸 출신이라고 무시한다. 그는 학생운동에 대해 부정적인 시각을 가지고 있었지만, 단골 국밥집 주인의 아들이 고문으로 만신창이가 된 모습을 보고 그의 변호를 맡기로 결심한다. 1차 공판에서는 피고인들이 포승줄로 결박되고 수갑이 채워져 있는 것을 보고 헌법조항을 읽으면서 포승줄과 수갑을 풀어 줄 것을 요구한다. 2차 공판에서는 국밥집 주인 아들이 읽은 책들이 불온서적이 아니라는 것을 강조하면서 이들을 위해 열심히 변호한다. 그리고 마지막 공판에서는 고문 당시 현장에 있었던 중위를 증인으로 세우면서 모두 승소할 거라고 기대했지만, 그의 증언이 무효라는 주장이 제기되면서 중위의 증언은 결국 폐기된다.

시간이 흘러 1987년 박종철 고문 치사 사건이 발생하고, 변호사는 시민들과 함께 추모 행진을 벌이다가 이들을 선동한 혐의로 구속된다. 그리고 부산의 변호사 142명 가운데 99명이 그의 변호인단으로 출석해 변호를 돕는다. 2013년 개봉해서 1000만 이상의 관객을 모은 영화 〈변호인〉의 내용이다. 고故 노무현 대통령의 실화를 바탕으로 제작된 영화여서 더 많이 회자되기도 했다.

그런데 영화에 흥미로운 장면이 등장한다. 검사가 학생들이 읽은 13권의 책을 불온서적으로 기소하는 부분이다. 불온서적이란 불온한 사상을 담은 책을 말한다. 금서라고도 하는데, 금서 가운데서도 특히 사상적 이유로 금지된 서적을 뜻한다. 냉전 시기에 반공주의를 강조하면서 불온서적은 사회주의나 공산주의 사상과 관련된 책까지 범위가 확대되었다. 영화에서 검사가 불온서적이라고 제시한 책 가운데 하나가 놀랍게도 역사서였다. 바로 에드워드 카Edward Hallett Carr(1892~1982)의 《역사란 무엇인가》다. 이 책의 전반적인 흐름이 유물사관을 반영하고 있고, 저자인 카가 소련에 장기체류한 공산주의자라는 것이 그 이유였다.

영국 외무부 외교관으로 근무했다가 이후 역사가로 활동한 카는 역사란 단순한 사실의 나열이 아니라는 것을 강조했다. 랑케를 비롯한 실증주의 역사가들처럼 엄격한 사료 비판을 통해 과거에 있었던 사실을 있는 그대로 재현하는 것이 역사의 중요한 목적이 아니라는 말이다. 카는 역사로부터 배운다는 것은 일방적인 과정이 아니라고 주장하면서, 과거에 비추어 현재를 배운다는 것은 현재에 비추어 과거를 배우는 것과 마찬가지라고 말했다. 그에게 역사는 결국 과거와 현재의 상호관계를 통해 서로를 더 깊이 이해하기 위한 것이었다. 여기서 나온 말이 바로 "역사는 과거와 현재와의 끊임없는 대화"다.

이와 더불어 카는 역사가의 역할을 매우 중요하게 생각했다. 그에게 역사가의 지식은 개인의 소유물이 아니라 여러 세대에 걸쳐 사람들이 여러 지역과 나라에서 축적해온 것이다. 과거의 사실을 연구하는 역사가는 고립된 개인이 아니라 과거 어느 사회의 문맥이나 맥락 속에서 행위를 하고 있다는 것이다. 따라서 역사가는 수많은 개인과 마찬가지로 하나의 사회적 현상이며, 자신이 속한 사회의 산물인 동시에 그 사회의 의식적 또는 무의식적 대변인이라고 할 수 있다. 이를 바탕으로 역사가는 과거 사실에 접근해가야 한다는 것이다. 결국 역사가는 역사적 사실을 수집하는 사람과 구분되어야 하고, 그의 역할은 과거를 사랑하거나 과거로부터 자신을 해방시키는 것이 아니라 현재를 이해하는 열쇠로서 과거를 이해하고 다루는 것이다. 이러한 점에서 카에게 역사는 역사가와 사실 사이의 지속적인 상호작용이기도 했다.

역사가의 역할을 강조하다 보니 카는 역사에서 사실보다 해석을 더욱 중요하게 생각했다. 과거 사실이 실제로 어땠는지를 아는 것보다 역사가가 현재 사회와 현실에 대해 어떤 의식과 가치관을 가지고 있느냐에 따라 관점이나 시선이 달라질 수 있기 때문이다. 이러한 해석 중심주의 사관을 토대로 카는 실증주의 역사관을 반박했다. 실증주의 역사가들은 역사란 "과거에 있었던 일을 있는 그대로 보여주는 것"이라고 주장하면서 실제 있었던 사실만을 서술해야 한다고 주장했다. 이러한 주장은 주체와 객체 사이의 분리를 강조했는데 역사적 사실은 주체의 의식으로부터 독립된 것이고, 주체는 외부 사실을 인식하면서 수동적으로 이를 수용해야 한다는 것이다.

그러나 카는 역사는 해석을 바탕으로 하는 재구성을 통해 사람들에게 인식되기 때문에 서로 다를 수밖에 없다고 주장한다. 랑케에게 역사는 모든 사람이 동일하게 서술하는 객관적인 것이라면, 카에게 역사는 모든 사람이 전부 다르게 서술하는 주관적인 것이다. 카는 역사를 서술할 때 과거에 발생했던 사실을 선택하는 것부터 개인의 주관적 견해가 개입된 것이라고 생각했다.

그래서 카는 '역사적 사실historical fact'이 무엇인지 밝히는 것이 중요하다고 주장했다. 그에게 '과거에 대한 사실fact about the past'이 '역사의 사실fact of history'이 되는 것은 아니기 때문이다. '역사적 사실들'이란 역사가가 오늘날의 관점과 문제의식에 따라 '과거의 사실' 가운데

왼쪽: 자크 루이 다비드, 〈알프스를 넘는 나폴레옹〉, 1801년 作.
오른쪽: 폴 들라로슈Paul Delaroche, 〈알프스산맥을 넘는 나폴레옹〉, 1848 作.

왼쪽은 작품을 그린 화가의 왜곡과 보정의 필터가 적용된 작품이고,
오른쪽은 당시의 상황을 아주 사실적으로 캔버스에 옮긴 것으로 추정되는 작품이다.
동일한 사건이 화가의 의도와 해석에 따라
매우 다르게 표현될 수 있음을 보여준다.

의미 있다고 여기는 것을 선택해서 일정한 질서로 배열하는 것으로서 성립하는 '역사'라는 담론 체계의 결과물인 셈이다.

그렇다고 카가 주관적이고 자의적인 역사를 무조건 옹호했던 것은 아니다. 사실 카는 일종의 절충적인 역사관을 가지고 있다고 할 수 있다. 그는 객관성과 주관성이라는 양극단에서 역사관이 어느 한쪽으로 지나치게 치우치지 않아야 한다고 주장한다. 객관성의 극단은 과거 사실만을 그대로 열거하는 것을 의미하고, 주관성의 극단은 역사가의 해석만을 지나치게 강조하는 것을 의미한다. 콜링우드는 역사가와 역사적 사실의 관계에서 역사가의 역할을 매우 강조했는데, 이는 객관적 역사를 배제하고 회의주의가 될 가능성이 상당히 많았다. 자칫 역사가는 어떠한 해석도 가능하다는 생각을 초래하기 때문이다. 이러한 양극단의 주장에 대해 카는 역사가는 절충적 입장을 취해야 한다고 생각했고 이를 위해서는 끊임없는 상호작용, 즉 역사가와 사실들 사이의 지속적인 상호작용이 필요하다고 주장했던 것이다.

카가 《역사란 무엇인가》를 집필하면서 절충주의적 역사관을 제시하게 된 계기는 소련에 대한 연구였다. 그는 1917년 소련에서 발생한 혁명을 지지하는 입장을 취했고, 혁명의 영웅은 노동자라고 생각했다. 이렇게 소련에서 일어난 사건들이 서유럽에 미치는 영향과 교훈에 대해 연구해 그는 14권에 달하는 《소련사》를 출간했고, 러시아

혁명의 발생 원인을 다양하게 살펴보고자 했다. 과거 사실에 대한 역사가의 다양한 해석을 강조하는 이러한 역사관은 그의 저서 《역사란 무엇인가》에 잘 반영되어 있다.

24일

오늘의 키워드
도전과 응전

문명은 도전과 응전의 역사다

아널드 토인비와 《역사의 연구》

#문명 #성장_과정 #슈펭글러 #보편적_법칙절충주의

제1차 세계대전이 끝난 후 승전국들은 파리 강화회의에서 베르사유 조약을 체결했다. 1918년 9월 독일은 사실상 패전을 인정했고, 11월 11일 휴전이 성립되었다. 협상국은 독일에 주된 전쟁터였던 벨기에와 프랑스 주민에 대한 피해 배상금을 요구했는데, 프랑스는 협상국 군대의 손실에 대해서도 배상할 것을 요구했다. 그 결과 원래 300억 마르크였던 배상금이 2000억 마르크로 급증했고, 이 가운데 1320억 마르크를 20년 안에 배상하도록 했다.

이와 더불어 전쟁에 대한 모든 책임은 독일 바이마르 공화국을 비롯한 동맹국에 있으며, 황제와 군부 인사를 포함한 전범을 인도

윌리엄 오펜 William Orpen**,**
〈베르사유, 거울의 방에서 평화 조약 체결〉, 1919년 作.

베르사유 조약 체결 당시의 모습을 그린 것으로 우드로 윌슨과
데이비드 로이드 조지, 조르주 클레망소 등이 등장한다.

하고, 알자스-로렌 지방을 프랑스에 양도할 것, 모든 식민지를 포기할 것, 육군의 규모를 10만 명으로 제한하고 징병을 금지할 것, 전차와 전투기를 비롯한 최신 무기 보유를 일체 금지할 것 등이 베르사유 조약에 명시되었다. 이는 독일이 두 번 다시 전쟁을 일으키지 못하도록 하려는 조치였다. 동맹국이었던 오스트리아와 오스만제국과도 영토 할양과 군비 제한 등을 명시한 비슷한 내용의 조약이 체결되었다.

1992년부터 1993년까지 미국 ABC 방송에서 방영한 〈인디아나 존스〉는 총 24부로 구성된 시리즈다. 인디아나 존스가 전 세계를 돌아다니면서 모험에 휩쓸리는 것을 그린 작품인데, 드라마를 보면 인디아나 존스 역시 베르사유 조약이 체결될 때 미국 대표단을 위해 일하고 있었다. 그곳에서 아라비아 왕자와 재회한 그는 함께 저녁 식사를 하게 되었는데, 식사 후에 영국 사절단으로 온 한 역사가를 만난다. 그 역사가는 "역사의 교훈을 잊는 사람은 반복하게 되어 있다"고 말하는데, 그가 바로 아널드 토인비다.

영국의 역사가 토인비는 슈펭글러로부터 많은 영향을 받았다. 슈펭글러의 저서 《서구의 몰락》을 읽은 후 토인비는 자신의 역사 연구 이론을 더욱 명확하게 전개할 방법을 고안했는데, 바로 문명을 단위로 역사를 살펴보는 것이었다. 그러나 그에게 슈펭글러의 주장은 너무 결정론적이었고 지나치게 직관 중심이었다. 이에 토인비는 선험적

장 레옹 제롬 Jean-Léon Gérome,
〈시저 앞에 선 클레오파트라〉, 1866년 作.

이 그림은 프톨레마이오스 왕조의 마지막 파라오인 클레오파트라 7세가
이집트를 지키기 위해 시저를 만나는 장면을 그린 것이다.

인 방법 대신 경험적인 방법을 통해 슈펭글러의 주장을 보완하고자 했다. 이러한 토인비의 생각은 방대한 저서를 통해 드러났는데, 집필에 무려 28년이 걸리고 총 12권으로 구성된《역사의 연구》다.

《역사의 연구》에서 토인비는 역사 연구 단위가 국가나 시대가 아닌 문명이어야 한다고 주장하면서, 세계 문명을 21개로 구분했다. 21개의 문명 가운데 14개의 문명은 이미 사라졌고, 7개의 문명은 살아남았다. 그에 따르면 살아남은 문명은 서유럽, 시리아, 동방정교, 러시아, 인도, 중국 그리고 중국의 지류 문명이었다. 중국의 지류 문명에는 우리나라와 일본이 포함된다. 반면 미노스와 수메르, 페르시아, 바빌론, 아즈텍, 잉카, 그리고 마야는 사라져버린 문명에 속한다.

이와 더불어 그는 문명이 발생과 성장, 쇠퇴, 해체라는 과정을 거친다고 주장했다. 이는 슈펭글러의 이론을 차용한 것으로, 이러한 문명의 성장 과정은 모든 세계에 보편적으로 적용되는 법칙이었다. 문명을 인간과 마찬가지로 발생에서부터 해체라는 단계를 거치는 생명체로 간주하면서 토인비는 문명이 만들어지기 위해서는 도전이 있어야 하고, 그에 대한 효과적인 응전이 있어야 한다고 주장했다. 그리고 도전에 대한 서로 다른 응전이 결국 서로 다른 문명의 발전과 결과를 초래한다고 설명했다.

그는 이집트와 수메르를 예로 들어 도전과 응전의 원리를 설명했다. 유럽의 빙하 지역이 감소하면서 북아프리카와 남아시아 지역이

건조해지기 시작했다. 당시 수렵채집 생활을 하던 사람들에게는 크게 세 가지 대안이 있었다. 하나는 그 지역에 남아 계속 수렵채집 생활을 하면서 가까스로 살아가는 것이었고, 다른 하나는 익숙한 기후대를 따라 북쪽으로 이동하는 것이었다. 그리고 마지막은 새로운 환경에 맞춰 유목과 농경을 시작하는 것이었다. 거주지나 생활양식을 바꾸지 않았던 사람들은 환경의 도전에 응전하기 않았기 때문에 결국 멸망했다. 북쪽으로 이동한 사람들은 초목의 유목민이 되었고, 건조화에 응전해서 거주지와 생활양식을 변경한 사람들은 이집트와 수메르 문명을 건설했다.

토인비는 또 다른 예로 기원전 4세기경 고대 그리스 국가를 든다. 당시 그리스의 도시국가들은 인구가 증가하면서 상당한 압박을 받고 있었다. 자급자족 경제를 기반으로 한 여러 도시국가들은 인구 증가로 인해 식량이 부족해지자 서로 다른 방식으로 문제를 해결했다. 코린스의 경우 시칠리나 남부 이탈리아 등 해외 식민지를 건설해 인구를 이주시킴으로써 문제를 해결했다. 스파르타는 해외 식민지를 건설하는 대신 이웃한 다른 그리스 도시국가를 정복해서 문제를 해결하고자 했다. 그 결과 스파르타는 새로 정복한 땅을 지키기 위해 끊임없이 전쟁을 치러야만 했다. 그리고 이를 위해 군사 체계를 정비할 수밖에 없었다.

아테네는 다른 방식으로 대응했다. 처음에는 해외 식민지를 개척하거나 이웃 도시국가를 정복하지 않은 채 문제를 무시했다. 더는 식민지를 개척하거나 정복할 땅이 없자 인구문제로 사회적 위기가 고조되었고, 아테네는 새로운 해결책을 모색했다. 수출용 농산물을 재배했고, 이를 통해 새로운 부를 창출하는 사람들이 등장하게 된 것이다. 이렇게 시작된 경제개혁은 새로운 계급의 탄생을 가져왔고, 이들에게 정치권력을 부여하는 제도가 발전했다. 인구 증가라는 동일한 도전에 대해 서로 다른 방식으로 응전함으로써 그리스의 여러 도시국가들은 서로 다른 문명을 발전시키게 된 것이다.

토인비의 주장에 따르면 문명이 발생하기 위해서는 자연적으로 좋은 환경이 주어지기보다는 환경의 변화라는 거대한 도전에 적극적으로 대응함으로써 운명을 개척할 수 있는 응전이 있어야 한다. 도전에 대한 응전이 적절할 때 비로소 문명이 발생하고, 성장하며, 발전할 수 있다는 것이다. 슈펭글러처럼 토인비 역시 서유럽의 몰락이라는 위기를 경험하면서 서유럽 중심주의에 대한 회의감을 가지게 되었다. 이러한 인식은 국가나 민족 중심에서 벗어나 역사를 보다 광범위한 범주에서 살펴볼 수 있는 토대를 마련해주었다.

25일

오늘의 키워드

장기지속의 역사

역사는 인간 사회에 대한 과학이다

페르낭 브로델과 《지중해: 펠리페 2세 시대의 지중해 세계》

#아날학파 #사회경제적_삶 #환경 #구조

흔히 '해가 지지 않는 제국'이라고 하면 영국을 가장 먼저 떠올린다. 18세기 후반부터 19세기 중반까지 영국은 남극을 제외한 모든 대륙에 식민지를 가지고 있었다. 기록에 따르면 1820년대부터 영국을 '해가 지지 않는 제국'이라고 불렀던 것으로 확인된다. 그런데 사실 이 표현은 16세기 중반 스페인에서 유래했다. 당시 스페인이 지배한 영토가 광범위해서 전 세계 어딘가는 낮일 정도로 거대한 국가라는 것을 지칭했던 말이다. 이 시기에 스페인은 전 지구적으로 식민지를 가지고 있었는데, 당시 국가의 슬로건이 '보다 더 멀리PLVS VLTRA'일 정도였다.

프란츠 빈터할터 Franz Xaver Winterhalter,
〈빅토리아 여왕과 앨버트 공, 그리고 자녀들〉, 1846년 作.

빅토리아 여왕은 영국을 64년간 통치했고,
이 시기에 영국은 '해가 지지 않는 제국'으로 부상했다.

스페인의 황금시대를 통치했던 왕은 펠리페 2세Felipe II였다. 그는 잉글랜드의 메리 1세Mary I와 결혼해 잉글랜드와 아일랜드의 공동 통치자가 되었고, 프랑스 및 이탈리아 전쟁에서 승리를 거둬 스페인을 유럽 최강대국으로 부상시켰다. 1517년 발생한 레판토해전에서는 오스만제국에도 승리를 거두었다. 더 나아가 이베리아반도를 통일하고 포르투갈의 왕도 겸하게 되었다. 그래서 그의 재위 시대에 스페인은 '해가 지지 않는 제국'이라 불렸고, 이때 스페인은 황금시대의 정점을 찍었다.

펠리페 2세가 통치한 시기에 스페인이 강대국으로 부상할 수 있었던 여러 가지 조건들을 분석한 역사가가 있다. 바로 프랑스의 역사가 페르낭 브로델Fernand Braudel(1902~1985)이다. 브로델은 흔히 2세대 아날학파로 잘 알려져 있는데, 아날학파는 사회과학을 역사로 통합하기 위한 시도라고 볼 수 있다. 실증주의 역사가들이 사료의 비판적 분석과 정확성에 지나치게 집착한 나머지 역사학의 깊이나 범위를 축소시켜 역사학은 과거 사실에 대한 자료를 제공하는 것에 지나지 않게 되었다. 이와 같은 역사학의 위기에 직면해 프랑스에서는 정치보다 사회, 개인보다 집단, 연대보다는 구조를 역사 인식의 기본으로 삼아야 한다는 주장이 제기되었는데, 이들이 바로 아날학파다.

아날학파가 역사학계에 영향을 미치게 된 데는 특히 브로델의 역할이 매우 컸다. 그는 저서 《지중해: 펠리페 2세 시대의 지중해 세계》에서 지중해라는 자연환경 속에서 '장기지속la longue durée'적인 지리적 삶과 그 위에서 완만한 주기로 변하는 사회경제적 삶, 그리고 표면의 거품과 같은 정치적 삶을 총체적으로 서술했다. 다시 말해 그는 역사에도 표면과 심층이 존재한다고 생각했는데, 이를 토대로 역사적 시간을 장기지속과 중기지속 그리고 단기지속이라는 세 가지 층위로 구분했다. 또한 역사적 사건을 구조와 국면, 사건이라는 구조 속에서 분석했고, 이를 통해 물질문명과 시장경제 그리고 자본주의를 설명하고자 했다.

《지중해》는 3부작으로 구성되어 있다. 제1부에서는 지중해의 지리적 환경을 분석하고, 그곳에서 활동하는 사람들의 이야기를 다룬다. 지중해는 단순히 유럽 남부와 아프리카 북부, 서아시아와 맞닿아 있는 바다만을 의미하는 것이 아니라 바다와 접해 있는 육지와 섬까지 모두 포괄하는 의미다. 여기에서 브로델은 지중해 지역의 지역성이나 기후, 도로, 길 등 구체적인 환경을 분석하면서 인간이 아니라 환경 그 자체를 역사의 주인공으로 내세우고 있다.

제2부에서는 구조에 대해 설명하는데 이를 위해 경제나 국가, 사회, 문명, 전쟁 등 지중해 지역의 다양하고 심층적인 역사를 총체적으로 보여준다. 특히 16세기의 경제를 농업에서 금융에 이르기까지 아주 면밀하게 분석함으로써 그 속에서 나타나는 집단의 운명과 움직임을 다룬다. 제3부에서는 이베리아반도를 통일한 펠리페 2세가

페테르 파울 루벤스,
〈펠리페 2세〉, 1628년경 作.

브로델은 장기지속을 바탕으로 펠리페 2세 시대의 역사를
총체적이고 종합적인 관점에서 살펴보고자 했다.

대서양으로 눈을 돌리면서 지중해가 역사 무대에서 밀려나는 과정에 대해 서술한다.

아날학파는 역사가가 정치나 외교 사건만을 강조하는 것에 반대하고, 그러한 사건들 아래 존재하는 조건들에 대해 관심을 가졌다. 즉 기후나 지리, 인구, 교통, 통신 등 환경이나 구조 등에 주의를 기울이면서 이러한 요소들이 역사에 미치는 영향을 살펴보고자 했다. 그러다 보니 아날학파는 기존 역사보다 훨씬 다양하고 자세하게 역사를 서술하는 경향을 보인다. 따라서 아날학파는 통계를 바탕으로 하는 분석이나 수치화, 계량화 등을 상당히 중요하게 생각하는 역사철학이라고 할 수 있다.

장기지속을 토대로 역사적 사건을 분석하려는 시도는 《지중해》 외에 《물질문명과 자본주의》에서도 잘 드러난다. 이 저서에서 브로델은 물질문명을 크게 3개의 구조로 구분했다. 그중 하나는 자급자족과 물물교환으로 이루어지는 '물질문명'이고, 다른 하나는 시장에서 교환을 통해 이루어지는 '경제'다. 그리고 나머지 하나는 독점적으로 이루어지는 '자본주의'다. 그는 물질문명과 자본주의는 시장이라는 틀 밖에서 발생하지만, 경제는 시장 안에서 이루어진다고 주장했다. 흔히 시장과 자본주의는 밀접한 관련성을 갖는 것으로 생각하는데, 브로델은 시장과 자본주의를 대립적인 관점에서 살펴보았다.

사실 자본주의에 대한 브로델의 정의는 명확하지 않다. 그는 저서에서 "자본주의는 물질생활과 시장경제를 자신의 존재 기반으로 깔고 앉아 독점으로 높은 이익을 추구하는 무엇인가의 활동이다. 그러기 위해 기존의 사회질서와 위계, 국가, 문화 등 온갖 영역에 침투하여 무언가의 사회적 구조물을 만들어 그와 결합하는 실체다"* 라고 주장했다. 그의 주장에 따르면 자본주의는 시장경제의 토대 위에서 시장경제를 지배하는, 그렇지만 시장경제와는 전혀 다른 영역의 것이라 할 수 있다. 이와 더불어 브로델은 자본주의가 경쟁을 바탕으로 하는 것이 아니라 오히려 경쟁을 없앤다는 측면에서 반反시장에 바탕을 두고 있다고 주장한다.

그리고 이러한 반시장의 사례로 유통을 들고 있는데 유럽에서 아메리카와 인도와 중국을 오가며 거래하는 원거리 무역을 살펴보면, 여기에 종사하는 상인들이 생산자와 최종 소비자 사이에 끼어들어 양쪽의 관계를 단절시킴으로써 독점의 이득을 얻기 때문이다. 결국 시장이 너무 발달하면 자본주의의 필요성이 사라지게 된다는 것이 브로델의 주장이다. 이와 같은 브로델의 자본주의에 대한 생각은 많은 비판에 직면하기도 했지만, 인간을 둘러싸고 있는 환경이나 구조와의 상호작용 속에서 과거 사건을 살펴본다는 시도는 이후 인간

---

* 페르낭 브로델 지음, 김홍식 옮김, 《물질문명과 자본주의 읽기》, 갈라파고스, 2012년, p. 183.

중심의 역사적 사고에 많은 영향을 미쳤고, 이는 역사학이 다양한 학문을 수용하는 데 중요한 계기가 되었다.

26일

오늘의 키워드

픽션으로서의 역사

역사는 픽션이다

헤이든 화이트와 《메타 역사》

#서사 #문학 #사건과_사실의_구분 #사건의_재구성

그리스의 철학자이자 저술가 플루타르코스 Ploutarchos(46?~120?)의 저서 《영웅전》에는 오늘날 발칸반도 남동부에 해당하는 트라키아의 한 유목민에 대한 언급이 나온다. 그는 매우 건장했고 영리했으며 신분에 비해 교양 있는 사람이었다. 다른 기록에서는 그가 한때 로마군의 병사로 전투에 참가한 적이 있다고 언급했다. 정확한 이유는 알 수 없지만, 그는 노예가 되어 이탈리아반도로 이동했고 검투사가 되었다.

당시 로마에서 검투사는 상당히 인기 있는 직업이었다. 많은 사람은 목숨을 걸고 싸움을 하는 검투사가 매우 혹독한 대우를 받는다

장 레옹 제롬,
〈엄지를 아래로〉, 1872년 作.

콜로세움에서 검투사 시합이 끝난 후 관중들이 엄지를 아래로 내리며
시합에 진 검투사를 처형하라고 외치고 있다.

고 생각했지만, 실제로 검투사들 중에는 노예나 하층민보다 자유민이 더 많았고, 시합도 목숨을 걸 정도로 위험한 수준은 아니었다고 한다. 그러나 그가 속해 있던 검투사 양성소는 다른 곳보다 검투사에 대한 대우가 가혹했다. 결국 그는 잔혹한 대우에 반발해 74명의 검투사들과 함께 반란을 일으켰다. 처음에는 베수비오 화산으로 도망쳐 지나가는 행인들의 물건을 뺏는 도적질을 했다. 이들을 진압하기 위해 토벌대가 파견되었는데, 이들은 토벌대를 격퇴하고 무기를 빼앗은 후 더욱 유명해졌다. 결국 지방 정부는 중앙 정부에 도움을 요청하지 않을 수 없었다.

로마는 처음에 이들을 쉽게 진압할 수 있을 것이라고 생각했다. 그러나 3,000명의 정규군이 검투사들에 의해 격퇴되었고 두 번째 공격 역시 실패했다. 중앙 정부가 파병한 군대를 무찔렀다는 소문이 확산되면서 이들의 명성은 로마 전역으로 퍼졌다. 이를 계기로 이탈리아 전역의 노예들이 반란에 가담하기 시작했다. 그러면서 이 사건은 단순한 검투사 탈주 사건이 아니라 로마 역사상 유례없는 최대 노예 탈주 사건으로 변질되었다. 후일 삼두정치에 참여했던 크라수스Marcus Licinius Crassus(BC115?~BC 53)가 8개 군단을 동원하면서 반란은 가까스로 진압되었다. BC 73년에 발생한 스파르타쿠스의 반란이다.

2010년 미국의 제작사 스타즈Starz는 스파르타쿠스의 일대기를 그린 드라마 시리즈를 방영했다. 이 시리즈는 로마 시대를 배경으로

스파르타쿠스의 일생과 검투사의 생활을 생생하게 묘사해 상당한 인기를 끌었다. 그런데 드라마에서 전개되는 로마 역사와 실제 로마 역사는 다소 차이가 있다. 역사 속 인물이나 배경을 차용했지만, 창작에 기반한 픽션이기 때문이다. 〈스파르타쿠스〉 시리즈 외에도 역사적 사건이나 특정 시대를 배경으로 하는 드라마, 영화, 소설이 많다. 그리고 이를 둘러싸고 역사적 사실의 왜곡을 우려하는 시선도 적지 않다.

그런데 역사가 실제로는 픽션과 다름없다고 주장한 역사가가 있다. 바로 미국의 역사가 헤이든 화이트Hayden White(1928~2018)다. 있는 그대로의 객관적인 역사를 강조했던 실증주의 역사관은 에드워드 카를 거치면서 거부되었고, 이후 역사학은 여러 위기에 직면했다. 이러한 상황 속에서 화이트는 역사학이야말로 과학과 예술의 조화 및 종합을 이루고, 과거와 현재를 중재할 수 있는 장이자 주체라고 주장했다. 그는 역사가는 과거와 현재 사이의 연속성을 추구해서는 안 된다고 강조하면서 오히려 단절을 일깨워줄 수 있는 역사, 불연속과 혼돈, 분열을 위한 역사가 새로운 토대가 될 것이라고 말했다.

더 나아가 그는 《메타 역사》라는 저서에서 "역사는 이야기이고, 모든 이야기는 픽션history as narrative"이라고 주장했다. 그에게 역사의 본질은 서사라는 역사 서술의 형식에 있었다. 19세기 이래 역사는 과거의 사실을 탐구하는 학문이라는 생각이 지배적이었다. 그러므로 역사가는 역사 서술을 통해 실제로 과거가 어땠는지 질문하고, 그에 대답할 수 있어야 했다. 그런데 화이트는 이러한 역사가의 인식에 근본적으로 문제를 제기하고 이를 비판했다.

화이트가 대안으로 제시한 것은 역사 서술의 문학적 성격이었다. 그는 역사는 본질적으로 문학성을 지닌다고 주장했다. 쉽게 말하자면 역사는 근본적으로 역사가의 상상력과 비유 언어에 의존해 창조되는 산물이라는 것이다. 역사가는 자신의 연구 주제를 선택할 때 이미 역사의 문학적 성격을 인식하게 된다. 주제로부터 영감을 얻어 이야기의 구조와 스토리를 구상하는데, 이것이야말로 역사의 문학성을 가장 잘 보여준다는 것이다. 따라서 그의 이러한 주장에 따르면 역사는 근본적으로 픽션의 성격을 띨 수밖에 없다.

역사가 픽션이라는 것을 입증하기 위해 화이트는 역사적 '사건event'과 '사실fact'을 구분했다. 그에 따르면 역사적 사건이란 물질적인 것으로서 기록인 기억 이전에 실제로 존재하는 하나의 실재다. 반면 역사적 사실은 사건에 대한 하나의 진술 또는 해석을 의미한다. 역사적 사건은 역사가에게 이미 주어진 것이며 만들어지는 것이 아니지만, 역사적 사실은 기록을 바탕으로 역사가가 구성하고 만드는 것이다. 그에게 사실이란 오직 언어상으로 존재하는 것이며, 역사가가 기술하는 사건일 뿐이다.

보다 구체적으로 화이트는 역사 서술의 근본 양식으로 로맨스나 비극, 희극, 풍자 등을 제시했다. 로맨스는 경험적 세계를 초월한 영웅의 행동이나 그로 인해 발생하는 승리 등을 의미한다. 악에 대한 선의 승리가 대표적이라 할 수 있다. 희극이나 비극은 분열된 상태에서 벗어나 해방시키는 역할을 담당한다. 다만 희극은 화해라는 결말을 낳지만, 비극은 몰락이나 쇠퇴라는 결말을 초래한다. 풍자는 로맨스나 희극, 비극 속에서 나타난 인간이라는 존재를 다양한 형태로 표현한다.

이와 더불어 화이트는 역사 서술의 표현 형태를 네 가지 비유법으로 구분했다. 바로 은유와 환유, 제유 그리고 역설이다. 은유는 현상이 어떻게 서로 같고 다른지 규정할 수 있고, 환유를 통해서는 사물의 한 부분이 전체를 대신할 수 있다. 제유는 전제 속에 내포된 특성을 표시함으로써 현상을 규정하고, 역설을 통해서는 대상을 부정할 수 있다. 이러한 비유법은 본질적으로 재현적이고 환원적이며, 통합적이고 부정적이다.

화이트는 역사적 사건과 사실의 관계는 역사가에게 열려 있지만, 상당히 불안정하다고 주장했다. 그는 역사적 사실이 논란의 여지가 없다면 역사가 되기가 불가능하다고 생각했다. 과거에 발생했던 특정한 사건이 역사적 사건이 되기 위해서는 최소한 두 개 이상의 서로 다른 진술이 존재해야 한다는 것이다. 그렇지 않으면 역사가는 이 사건에 관심을 가질 이유가 없다. 역사적 사실이 역사가의 해석을 규정하는 것이 아니라 역사가의 관심과 해석이 역사적 사실을 규정하는 것이다. 그러므로 화이트에게 역사적 사실을 바탕으로 실재를 복원하고 역사를 재구성할 수 있다는 실증주의 역사관은 그야말로 환상에 지나지 않았다.

그에게 역사는 조각난 그림을 맞추는 것이 아니라 역사가가 스스로 색과 형태를 선택해서 그림을 그리는 것이었다. 다시 말해 역사는 과거에 대한 진술이 아니라 과거에 대해 역사가가 생각하는 것에 대한 진술이라는 것이다.

27일

오늘의 키워드
장기 19세기

장기 19세기 역사의 개념을 제안하다

에릭 홉스봄과
《혁명의 시대》《자본의 시대》
《제국의 시대》

#프랑스혁명 #자유주의 #공화정 #새로운_시대_구분

너는 듣고 있는가
분노한 민중의 노래
다시는 노예처럼 살 수 없다 외치는 소리
심장박동 요동쳐 북소리 되어 울릴 때
내일이 와 삶이 막 시작되리라

2012년 개봉한 영화 〈레미제라블〉의 마지막 부분에 흘러나오는 노래 가사다. 시위대는 삼색기를 흔들면서 이 노래를 부른다. 〈민중의 소리〉라는 제목의 이 노래는 우리나라뿐만 아니라 홍콩 등 여러 지역에서 저항을 상징하는 대표적인 노래로 자리매김했다. 이 영화는 프랑스의 소설가 빅토르 위고Victor Hugo(1802~1885)의 원작《레미제라블》을 각색한 것이다. 굶주린 조카들을 위해 빵 한 조각을 훔친 죄로 19년 동안 감옥에서 지낸 장 발장은 자신을 따뜻하게 대해준 신부에게 감명받는다. 이 일을 계기로 새로운 사람으로 거듭나 시장이 되었고, 자신의 공장에서 일하던 여인의 딸을 마치 자기 딸처럼 키운다. 그리고 자신의 재산을 그녀와 그녀가 사랑하는 사람에게 넘겨주고 세상을 떠난다.

장 발장이 빵을 훔친 시기는 1796년이었다. 당시 프랑스는 프랑스 혁명 이후 정치적으로 매우 혼란스러웠다. 절대군주제의 상징인 루이 16세Louis XVI를 처형했지만, 많은 사람은 다시 강력한 군주를 갈망했다. 이와 같은 혼란을 틈타 권력을 장악한 사람이 바로 나폴레옹 보나파르트Napoléon Bonaparte(1769~1821)다. 그는 1799년 11월에 일으킨 쿠데타에 성공해 제1통령이 되었다. 이후 1804년에는 원로원의 만장일치로 황제가 되었다. 황제가 된 나폴레옹은 유럽 전역을 지배하겠다는 원대한 계획을 세웠다. 그래서 영국과 러시아를 침공했지만 실패했다. 결국 황제 자리에서 물러나 엘바섬에 유배되었다. 1815년 2월 그는 엘바섬을 탈출해 다시 황제가 되었다. 그러나 같은 해 6월 워털루전쟁에서 패배하고 다시 섬에 유배되었다. 〈레미제라블〉의 이야기는 바로 이 시기부터 시작된다.

자크 루이 다비드,
〈알프스를 넘는 나폴레옹〉, 1801년 作.

1800년 제1통령이 된 나폴레옹이 이탈리아 원정에 성공하자
스페인은 나폴레옹에게 여러 가지 선물을 주었는데,
그중 하나가 바로 다비드가 그린 초상화였다.

나폴레옹의 몰락 이후 루이 16세의 동생인 루이 18세Louis XVIII가 왕으로 즉위했다. 이때부터 프랑스는 입헌군주제 국가가 되었다. 이제 왕은 절대적인 권력을 가지고 있지 않았다. 대신 의회에게 상당한 권한을 넘겨주었다. 하지만 루이 18세가 자식 없이 사망했고, 뒤를 이어 황제가 된 동생 샤를 10세Charles X는 다시 '구체제로의 복귀'를 선언했다. 결국 1830년에 일어난 7월 혁명으로 샤를 10세가 폐위되었다. 급진적인 혁명가들은 프랑스에도 공화정을 세우고자 했다. 더는 왕이 지배하지 않고 민중이 지도자를 선출하는 국가를 꿈꾸었던 것이다. 하지만 당시 귀족들과 부르주아들은 여전히 왕정을 지지했다.

결국 오를레앙 공작 루이 필리프Louis Philippe가 왕으로 추대되었다. 여전히 왕은 존재하지만, 7월 혁명으로 프랑스에는 큰 변화가 일었다. 첫째, 의회를 구성하는 상원이 신분에 따른 세습직이 아니라 선출직으로 바뀌었다. 이로써 귀족의 영향력이 크게 감소했다. 둘째, 특별재판소가 폐지되었다. 셋째, 새로운 국기로 삼색기를 사용하기 시작했다. 그리고 프랑스에서 발생한 변화는 유럽 전역으로 확산되기 시작했다. 새로운 왕으로 즉위한 루이 필리프는 시민들의 자유와 언론, 출판의 자유를 보장했다. 산업 활동의 자유도 보장했다. 그 결과 직물이나 금속 등의 산업을 중심으로 산업화가 이루어졌다. 그리고 부르주아들은 이를 토대로 많은 부를 축적하게 되었다.

그러나 산업화로 모든 사람이 부를 축적할 수는 없었다. 당시 도시로 수많은 사람이 몰려들었지만, 이들은 대부분 가난한 노동자들이었다. 일자리를 찾아 사람들이 도시로 이동하면서 도시의 위생 상태는 열악해졌다. 콜레라를 비롯한 치명적인 전염병은 이들에게 더욱 끔찍한 영향을 미쳤다. 결국 경제적 불평등과 유행성 전염병의 확산은 정부에 대한 국민의 불신을 가중시켰다.

급진적 개혁가들은 왕정을 폐지해야 한다고 주장했다. 이들은 장군 장 막시밀리앙 라마르크Jean Maximilien Lamarque(1770~1832)의 장례식 때 혁명을 일으키기로 했다. 바로 1832년 발생한 6월 봉기다. 당시 시위대는 '자유 아니면 죽음'이라는 구호를 외치면서 시위에 가담했다. 이들은 자신들에게 발포하는 군대로부터 스스로를 보호하기 위해 바리케이트를 치고 저항했다. 비록 6월 봉기는 성공하지 못했지만, 이후 1848년 2월 혁명으로 루이 필리프 왕정은 붕괴되었다. 그리고 결국 프랑스에는 공화정 정부가 수립되었다.

프랑스혁명은 1789년 7월 14일 바스티유 감옥 습격에서 시작되어 1794년 7월 28일 공포정치를 시행한 로베스피에르Maximilien François Marie Isidore de Robespierre(1758~1794)의 처형 때까지 발생했던 사건들만 의미하는 것이 아니다. 절대왕정하에서 구체제의 모순을 해결하고, 민주적 의회 정치와 사유제 및 특권 폐지, 국민의 동의로 구성되는 국가 등을 실현하기 위한 사건들이 복잡하게 얽혀 있는 현상이다.

영국의 역사가 에릭 홉스봄Eric Hobsbawm(1917~2012)은 프랑스혁명이 발발한 1789년부터 제1차 세계대전이 일어난 1914년까지를 '장기 19세기The Long 19th Century'라고 명명했다. 그는 장기 19세기에서 가장 중요한 것이 부르주아적 지배구조의 형성과 확산 그리고 붕괴라고 생각했다. 홉스봄에 따르면 프랑스혁명으로 유럽에서는 왕정이 사라지고 공화정이 보편화되었다. 그러나 제1차 세계대전으로 자유주의가 사라졌고, 19세기 동안 유지되던 힘의 균형 역시 파괴되었다. 그는 이 두 가지 사건이 19세기를 정의하는 데 가장 중요한 요소라고 여겼고, 이에 관해 세 권의 저서를 집필했다. 바로 프랑스혁명 기간을 다룬《혁명의 시대》와 산업혁명을 다룬《자본의 시대》 그리고 제국주의를 다룬《제국의 시대》다.

홉스봄은 장기 19세기 외에도 '단기 20세기The Short 20th Century'라는 개념을 제안했다. '단기 20세기'는 제1차 세계대전이 발발한 1914년부터 소련이 붕괴한 1991년까지인데, 이 시기는 다시 제2차 세계대전까지의 파국의 시대와 전후 황금기 및 석유 파동이 발생한 황금의 시대 그리고 소련이 해체되는 산사태 시대로 구분된다.

그의 이와 같은 시대 구분은 역사학계에 커다란 변혁을 불러왔다. 지금까지 역사학에서는 고대, 중세, 근대와 같은 시대 구분법을 따르거나 1년에서 시작해 100년으로 끝나는 세기를 사용했는데, 전 세계적으로 영향을 미친 정치 사건을 단위로 삼고 감정이나 인식

공유를 시대 구분의 근거로 삼았기 때문이다. 이런 혁신적인 시대 구분을 제안한 그는 20세기 역사 연구에 가장 큰 영향을 미친 역사가 가운데 한 사람으로 꼽힌다.

28일

오늘의 키워드

패러다임

역사는 과학에 대한 상을 변화시킨다

토머스 쿤과 《코페르니쿠스 혁명》

#과학혁명 #정상_과학 #진보 #단절

천문학 역사에서 가장 중요한 것은 지동설地動說의 재발견이다. 근대 천문학이 등장하기 전까지 세상을 지배했던 중심 이론은 천동설天動說이었다. 천동설은 지구가 우주의 중심에 고정되어 있고 태양과 달, 기타 행성이 그 주변을 돈다는 이론이다. 대표적인 천동설 지지자로는 그리스의 천문학자 프톨레마이오스Claudios Ptolemaeos가 있다. 그는 저서 《알마게스트》에서 지구를 중심으로 모든 별이 회전한다고 주장했는데, 사실 그의 관심은 천상계의 움직임을 수학적으로 설명하는 것이었다. 그래서 《알마게스트》에서 "천문학자가 힘써야 하는 것은 하늘에서의 모든 현상이 단일한 원운동에 의해 만들어졌

빈센트 반 고흐, 〈삼나무와 별이 있는 길〉, 1890년 作.

이 그림에는 달과 화성, 금성이 일렬로 나타나 있다.

음을 설명하는 것이다"라고 언급하고 있다.

사실 지동설은 BC 2세기경부터 제기되었다. 그리스의 철학자 아리스타르코스 Aristarchos(BC 310?~BC 230?)는 지구를 포함한 우주의 모든 천체가 태양 주위를 돈다는 공전설과 지동설을 주장했다. 심지어 지구와 달, 태양 간의 거리도 계산했다. 이후 헬레니즘 시대에는 주요 가설 가운데 하나로 언급되기도 했지만, 프톨레마이오스의 이론이 널리 확산되면서 오랫동안 잊혔다. 그러다가 16세기 초 폴란드 출신의 천문학자이자 신부인 니콜라우스 코페르니쿠스가 이를 재발견했다. 그는 플라톤주의로부터 많은 영향을 받아 우주가 수학적으로 조화를 이루고 있다고 믿었다. 이와 더불어 고대 문헌을 조사하면서 아리스타르코스가 이미 지동설을 주장했다는 사실을 알고 있었다. 그에게 주어진 것은 행성의 위치를 수학적으로 계산하는 것이었는데, 지구와 우주가 둥글고 지구가 스스로 돌면서 태양 주위를 1년에 한 번 돈다는 것을 전제로 삼았다.

코페르니쿠스는 자신의 저서 《천체의 회전에 관하여》에서 이렇게 적었다. "만물의 중심에는 태양이 있다. 전체를 동시에 밝혀주는 휘황찬란한 신전이 자리 잡기에 이보다 더 좋은 자리는 없다." 막상 그의 저서가 출간되었을 때 가톨릭에서는 지동설을 크게 탄압하지 않았다. 다만 천동설을 굳게 믿고 있던 학자들이 신랄하게 비판을 제기하는 바람에 코페르니쿠스의 지동설이 확산되기까지는 오랜 시간이 걸렸다. 그러나 그의 주장은 우주에 대한 인간의 인식과 그로부터 유래된 세계관을 바꾸기에 충분히 급진적이었다. 후일 독일의 철학자 이마누엘 칸트Immanuel Kant(1724~1804)는 자신의 저서 《순수이성비판》에서 자신의 이론을 '코페르니쿠스적 전환'이라고 불렀다. 이후 사고방식이나 의견이 기존과는 달라 크게 변화하는 것을 비유할 때 '코페르니쿠스적 전환'이라는 표현을 사용한다.

코페르니쿠스의 업적을 인용한 역사가가 있다. 미국의 과학사가 토머스 쿤Thomas Samuel Kuhn(1922~1996)이다. 그는 코페르니쿠스를 가리켜 "최초의 근대 천문학자이면서 마지막 프톨레마이오스 천문학자"라고 언급했는데, 실제로 코페르니쿠스는 아리스토텔레스의 자연철학에서 크게 벗어나거나 프톨레마이오스의 천문학에서도 많이 벗어나지 못했기 때문이다. 쿤은 자신의 저서 《과학혁명의 구조》에서 '패러다임paradigm'이라는 개념을 제시한 것으로 널리 알려져 있다. 패러다임은 흔히 예시나 사례 또는 본보기를 뜻하는 그리스어 '파라데이그마paradeigma'에서 유래했는데, 쿤에 따르면 패러다임은 한 시대를 지배하는 과학적 인식이나 이론, 사고, 가치관 등이 결합된 개념이나 틀을 지칭한다. 그는 과학사의 시기에는 개인이 아닌 과학자 집단에 의해 형성된 일종의 틀이나 전형이 존재한다고 주장했는데, 그것이 바로 패러다임이다.

그런데 이러한 패러다임은 새롭게 구성되는 것이 아니라 기존의 자연과학을 토대로 형성되어 혁명적인 결과를 초래하고, 시간이 지나면서 새로운 패러다임으로 대체된다. 쿤의 이 주장대로라면 코페르니쿠스의 지동설은 아리스토텔레스나 프톨레마이오스의 자연철학을 토대로 형성되어 당시 사람들의 세계관과 우주관을 뒤흔들어 놓았고, 이후 이탈리아의 천문학자 갈릴레이 등의 주장에 의해 수정되고 대체된 것이라 볼 수 있다.

쿤은 과학이 크게 네 가지 단계에 걸쳐 발전한다고 주장했다. 첫 번째는 과학 이전의 단계로서 여러 학문 공동체가 합의한 패러다임이 아직 등장하지 않은 시기다. 이 시기의 과학은 미성숙하고 불완전한 상태지만, 이후 공통의 패러다임이 등장하면서 정상 과학으로 발전할 수 있다. 두 번째는 정상 과학의 단계다. 패러다임이 등장하고 확립되면서 여러 학문 사이에서 공통된 방법이나 이론이 수용되는 시기를 말한다. 이러한 과정에서 연구 결과가 축적되고 과학이 발전한다. 세 번째 단계는 위기로서 기존 패러다임으로는 설명하기 어려운 현상이 나타남에 따라 정상 과학에 대한 불신이 등장하는 단계다. 이 단계에서 새로운 패러다임의 필요성이 등장한다. 그리고 마지막은 바로 과학혁명의 단계다. 위기가 발생하면서 기존 패러다임을 대체하는 새로운 패러다임이 수립되고 확립되는 시기인데, 이를 통해 정상 과학 단계를 거쳐 축적된 성과들이 붕괴되고, 새로운 형태의 정상 과학이 다시 축적된다.

이러한 단계를 통해 쿤은 과학이란 지식을 축적하는 것이 아니라 기존의 지식을 무너뜨리는 것이 중요하다고 주장했다. 그에게 기존 패러다임으로 설명할 수 있었던 현상은 새로운 패러다임으로 설명되지 않을 수도 있었다. 또한 그는 과학이 객관적 진리에 다가가는 과정이라고 생각하지 않았다. 쿤은 패러다임이 생성하고 발전하며, 쇠퇴하고 대체되는 과정을 반복하면서 진보가 이뤄진다고 주장했다.

쿤의 이러한 주장은 영국의 철학자 칼 포퍼Karl Raimund Popper(1902~1994)의 주장과 대조적이다. 포퍼는 사회나 과학이 발전하기 위해서는 인간의 비판적 이성이 가장 중요한 역할을 담당한다고 주장했다. 이는 과학에서도 마찬가지였는데, 인간은 옳지 않다고 생각하는 이론에 대해 실험과 경험을 통해 비판하고 수정할 수 있기 때문이다. 그는 이성의 합리적 추론뿐만 아니라 경험을 토대로 한 논리적 추론을 강조했는데, 이 과정에서 어떤 이론이 과학적이려면 경험으로 반박되거나 수정될 수 있어야 한다고 주장했다. 쉽게 말해 경험으로 검증할 수 없는 이론은 과학적 이론이 아니라는 것이다. 그리고 이러한 추측과 반박의 과정이 축적되면서 과학적 지식이 진보한다고 믿었다.

그러나 쿤은 과학적 지식이 축적되어 진보하는 것이 아니라 혁명적 단절과 그로 인한 변화를 경험한다고 주장했다. 이를 입증하기 위해 제시한 것이 패러다임이었다. 패러다임이라는 개념은 자연과학뿐만 아니라 사회과학과 역사학에도 영향을 미쳤다. 역사학은 더는 과거에 발생한 사건에 대한 정보를 전달하는 학문이 아니다. 쿤은 《과학혁명의 구조》에서 "역사를 단순히 일화나 연대기를 쟁여놓은 것 그 이상으로 바라볼 때, 역사는 우리가 사로잡힌 과학에 대한 상을 결정적으로 변화시킬 것이다"라고 말했다. 패러다임의 변화에 따른 과학적 진보가 역사에 영향을 미쳤고, 또 역사를 변화시키는 것이다.

29일

오늘의 키워드
지리적 환경의 차이

문명과 민족은 왜 불평등할까?

재러드 다이아몬드와 《총, 균, 쇠》

#불평등 #전염병 #작물화 #기술의_변화

침팬지와 인류의 공통 조상, 그리고 직립보행과 도구를 제작했던 최초의 인류들은 모두 아프리카에서 출현했다. 그런데 오늘날 아프리카의 모습은 과연 어떠한가? 미국의 생리학자 재러드 다이아몬드 Jared Diamond(1937~)는 저서 《총, 균, 쇠》에서 현대사회의 불평등에 의문을 제기한다. 비단 아프리카뿐만 아니라 유럽의 식민 지배를 받았던 여러 지역이나 국가들은 왜 유럽의 여러 국가처럼 발전하지 못했을까? 그는 연구를 수행하고 있던 오스트레일리아 북쪽에 위치한 뉴기니를 중심으로 이와 같은 의문에 대한 대답을 찾고자 했다. 그리고 이를 인류 전체의 역사로 확대시켰다.

재러드 다이아몬드는 민족이나 국가마다 서로 다른 정도의 발전과 역사를 경험하게 된 것은 지금까지 많은 역사학자가 주장해왔던 것처럼 생물학적 혹은 유전학적 차이 때문이 아니라, 지리적 환경의 차이 때문이라고 설명한다. 환경의 차이가 기술과 정치, 경제, 문화의 차이를 야기하고 그 결과 심각한 불균형이 나타나게 되었다는 것이다. 그의 주장은 유럽 일부 국가들의 역사적 경험을 강조했던 기존의 세계사 교육과 서술에 일침을 가했다.

지리적 환경의 차이가 현대사회의 불평등을 초래했다는 자신의 주장을 뒷받침하기 위해 다이아몬드는 인류의 다양한 조상들이 탄생한 시기로 거슬러 올라간다. 그는 침팬지와 인류가 공통 조상에서 분화된 시기부터 호모에렉투스Homo erectus가 등장하기 전까지 인류의 역사는 아프리카에 국한되어 있었다고 설명한다. 하지만 호모에렉투스와 호모 사피엔스가 아프리카를 벗어나 다른 지역으로 이동하면서 인류의 역사는 광범위한 공간에서 전개되기 시작했다. 특히 마지막 빙하기 동안 해수면이 지금보다 현저하게 낮아지면서 인류는 처음으로 배를 이용하게 되었다. 아마 초기의 배는 몇 개의 나뭇조각들을 어설프게 연결한 것이었을 테지만, 배를 사용하면서 사람들은 오스트레일리아와 뉴기니로 이동할 수 있었다.

이들이 오스트레일리아와 뉴기니에 도착한 이후 생물학적 변화가 발생했다. 이 지역에 살고 있던 대형동물들이 멸종한 것이다. 지

존 에버렛 밀레이 John Everett Millais**,**
〈페루의 잉카 왕을 사로잡는 피사로〉, 1845년 作.

잉카는 16세기 초 스페인의 침략으로 멸망했다.

구의 급격한 환경 변화 속에서도 살아남았던 대형동물들은 인간이 배를 타고 온 이후 한꺼번에 사라졌다. 이와 같은 현상에 대해 인간의 무분별한 남획 때문이라는 주장과 아직 증거를 발견하지 못했으므로 인간의 남획 때문이라고 볼 수 없다는 주장이 첨예하게 대립하고 있다. 한 가지 분명한 사실은 대형동물이 멸종했기 때문에 오스트레일리아와 뉴기니에 가축화할 수 있는 동물이 사라졌다는 것이다. 이와 같은 현상은 아메리카에서도 마찬가지였다. 가축화할 수 있는 대형동물의 부재는 약 1만 년 전 농경이 시작되면서 다양성과 차이를 야기했다. 결국 환경의 변화와 차이가 서로 다른 역사를 만들어냈다는 것이다.

환경과 그로부터 기인하는 생활방식의 차이는 다른 지역에서도 나타났다. 다이아몬드는 라틴아메리카가 스페인의 식민지로 전락하게 된 과정을 이와 같은 관점에서 분석한다. 1532년 11월 16일 스페인 정복자 프란시스코 피사로Francisco Pizarro(1475?~1541)는 잉카제국의 황제 아타우알파Atahualpa(1502?~1533)를 인질로 붙잡았다. 피사로는 엄청나게 큰 방을 채울 만큼의 황금을 몸값으로 받았지만, 약속과는 달리 아타우알파를 처형하고 잉카제국을 정복했다. 인질로 잡혔을 때 아타우알파는 8만 명 이상의 군대를 거느리고 있었다. 반면 피사로는 200명이 채 되지 않는 병사들을 데리고 있었다. 이 사건에 대해 많은 역사학자들은 갑옷이나 화승총, 말 등과 같은 스페인의 무기가 돌이나 곤봉, 물매 등 잉카제국의 무기보다 훨씬 우월했기 때문이라고 설명해왔다. 일부 역사학자들은 이와 같은 기술적 우월성과 더불어 종교적 우월성도 함께 강조했다.

물론 우월한 무기들이 스페인의 승리에 도움이 된 것은 사실이다. 하지만 잉카제국의 몰락과 식민화에 결정적인 역할을 했던 것은 바로 질병이었다. 당시 스페인을 비롯해 아프로유라시아에 만연했던 질병 가운데 하나가 천연두였다. 따라서 아프로유라시아에 살고 있던 많은 사람들은 천연두에 대한 면역력을 가지고 있었다. 하지만 잉카제국을 비롯한 아메리카에서 천연두는 그때까지 접하지 못한 새로운 전염병이었다. 스페인 군대가 도착한 이후 천연두가 잉카제국 전역으로 퍼져나갔고, 천연두에 대한 면역력이 없던 수많은 아메리카 원주민들이 사망했다. 결국 잉카제국은 소수의 스페인 군대에게 쉽게 정복당할 수밖에 없었다. 다이아몬드는 이에 대한 답을 농경의 역사 속에서 찾는다.

다이아몬드는 소수의 작물을 기르던 지역에서 도시와 문자, 제국, 문명이 먼저 시작되었다는 점에 초점을 맞춘다. 가장 먼저 작물화와 가축화가 이루어진 비옥한 초승달 지대*에서는 도시와 국가, 제국이 가장 먼저 발생했다. 그는 이 지역에서 가장 먼저 농경이 시작

* 이집트의 나일강 유역으로부터 동지중해 지역을 거쳐 티그리스, 유프라테스강 유역의 메소포타미아에 이르는 초승달 모양의 지대.

될 수 있었던 조건으로 지리적 환경을 언급한다. 이 지역이 지중해성 기후에 해당하고 고도의 변화가 심하기 때문에 길들일 수 있었던 동물과 식물의 종들이 다양했다는 것이다. 이와 더불어 다이아몬드는 이 지역에서 수렵채집 생활의 경쟁력이 약했기 때문에 농경이 확산할 수 있었다고 주장한다. 길들인 작물과 가축 덕분에 생산성이 증가하면서 농경사회가 수렵채집사회보다 매력적인 대안이 되었기 때문이다.

다이아몬드는 작물화의 시작과 현대사회의 불평등을 연결시킨다. 그가 관심을 가지고 살펴본 뉴기니에서 농경이 시작된 것은 BC 7000년경이다. 다이아몬드는 비옥한 초승달 지대나 중국 등에서 재배되었던 곡물들이 뉴기니에서 작물화되지 않았다는 점을 강조한다. 뉴기니에서는 독립적으로 농경이 시작되었지만, 다른 지역처럼 길들일 수 있었던 작물이나 가축이 다양하지 않았다. 그래서 타로토란 같은 뿌리 작물만 재배하게 되었고, 식량 생산은 제한적일 수밖에 없었다. 더욱이 뉴기니에는 가축화할 수 있는 대형 포유류가 없었다. 다이아몬드에 따르면 이와 같은 지리적 환경의 차이는 생산성과 더 나아가 도시와 국가의 구조 그리고 이로부터 비롯되는 문명과 역사의 발전 속도를 결정하는 데 중요한 요소였다.

결국 그는 야생종들이 대륙마다 고르게 분포하지 않았다는 사실이 유럽인들이 총기와 병원균, 쇠를 가지게 된 중요한 요인이었다고 설명한다. 그에 따르면 유라시아에는 가축화할 수 있는 대형동물들의 종이 가장 많았다. 유라시아에서 가축화된 동물들은 다른 지역으로 확산되었고, 그 지역에 살던 사람들은 이런 동물들을 적극적으로 수용했다. 하지만 자신이 살고 있는 지역의 동물들을 가축화하지는 못했다. 다이아몬드는 이와 같은 현상이 유라시아인과 아프리카 원주민 혹은 아메리카 원주민의 능력 차이에서 기인한 것이 아니라, 아프리카나 아메리카에 가축화해서 인간에게 많은 것을 제공해줄 수 있는 동물이 살고 있지 않았기 때문이라고 설명한다. 결국 지리적 환경의 차이 때문이라는 것이다.

30일

오늘의 키워드

자연과학과 인문학의 융합

세상은 어떻게 시작되었을까?

빅히스토리

#우주 #지구 #생명 #인류

증권거래소에서 일하던 한 남성이 안락한 집을 뛰쳐나와 싸구려 하숙집에 머무르면서 그림을 그리기 시작했다. 이후 남태평양 중부에 위치한 타히티섬으로 이주한 그는 이국적인 환경 속에서 여러 그림을 그렸고, 죽기 전 신성하면서도 잔인한 자연과 인간의 본능 속에 자신의 일생을 표현한 벽화를 그렸다. 영국의 소설가 서머싯 몸 William Somerset Maugham(1874~1965)이 1919년 발표한《달과 6펜스》의 간략한 내용이다. 이 소설은 프랑스 출신의 후기인상주의 화가 폴 고갱 Paul Gauguin(1848~1903)의 전기를 읽고 영감을 받아 집필한 것이다. 소설의 마지막 부분에서 묘사하고 있는 원시적이고 이국적인 풍경 속

폴 고갱 Paul Gauguin,
〈우리는 어디서 왔는가? 우리는 누구인가? 우리는 어디로 가는가?〉, 1897–1898년 作.

고갱의 이 그림은 인류의 과거와 현재 그리고 미래를 보여준다.

자신의 일생을 그린 그림이 바로 〈우리는 어디서 왔는가? 우리는 누구인가? 우리는 어디로 가는가?〉다.

이 그림은 건강 악화와 딸의 죽음, 빈곤 등 고갱이 자살을 떠올릴 정도로 힘들었던 시기에 마지막 작품이라고 생각하고 그린 것이다. 그림의 가장 오른쪽에는 세 명의 여인이 아기와 함께 앉아 있고, 중앙에는 과일을 따는 사람과 과일을 먹는 소녀의 모습이 그려져 있다. 그리고 가장 왼쪽에는 팔로 얼굴을 감싼 채 고통스러워하는 노인의 모습이 등장한다. 오른쪽에서 왼쪽으로 시선을 옮기면 거대한 캔버스 속에서 과거와 현재, 미래를 볼 수 있다. 다시 말해 고갱의 〈우리는 어디서 왔는가? 우리는 누구인가? 우리는 어디로 가는가?〉는 인간의 기원을 잘 보여주는 작품이라 할 수 있다.

인간을 비롯해 이 세상에 존재하는 모든 것은 나름의 기원을 가지고 있다. 과거에 서로 다른 지역들에서는 다양한 신화나 전설을 통해 우주와 세상, 생명, 인간의 기원과 탄생을 설명했다. 예를 들어 우리에게 친숙한 그리스신화에서는 혼돈의 연못인 카오스가 가장 먼저 등장하면서 이후 여러 명의 신이 탄생했다고 설명한다. 중국의 반고 신화에서도 모든 것이 뒤섞인 혼돈 속에서 알에서 깨어난 거인이 하늘과 땅을 비롯한 나머지 세계를 창조했다고 이야기한다. 최초로 농경이 시작되고 도시가 형성된 비옥한 초승달 지대에서는 신의 피로 인간을 만들어 신에게 봉사하도록 했다는 신화가 전해온다.

남아프리카에서는 땅의 구멍에서 인간이 생겨났다는 이야기가 전해오고, 불가리아에는 신과 악마가 흙으로 인간을 만들었다는 신화가 있다. 이렇듯 인간과 주변의 모든 것들이 어떻게 탄생하고 시작되었는지 이해하고 설명하려는 다양한 노력이 아주 오래전부터 존재했다는 것은 분명한 사실이다.

근대 과학의 급속한 발전과 더불어 오늘날 우리는 세상에 대해 더 많이 그리고 더 정확히 알 수 있게 되었다. 인간을 비롯한 다양한 생명체들과 우리 삶의 터전인 지구, 지구의 다양한 생명체들이 생존할 수 있도록 에너지를 제공해주는 태양 그리고 우주의 기원과 관련해 실험과 탐험을 통해 수많은 과학적 지식과 정보들이 축적되었기 때문이다. 덕분에 오늘날 우리는 과거 어느 시기보다도 믿을 만한 과학적 증거들을 토대로 세상 모든 것의 기원을 비교적 정확히 이해하고 설명할 수 있다. 138억 년 전 빅뱅Big Bang이 발생하면서 우주가 시작되었고, 45억 년 전 가스와 먼지, 무거운 원소들이 결합해 우리가 살고 있는 골디락스 행성인 지구가 탄생했다. 오랫동안 지구의 환경은 급격하게 변화했지만, 이와 같은 변화 속에서 생명체들은 적응하고 진화했다. 그리고 유인원과 인류의 공통 조상으로부터 분화되어 환경에 적응해왔던 종은 바로 오늘날 우리의 조상이 되었다.

우주와 생명, 인간의 기원 및 진화와 관련된 증거들과 이론들의 등장과 축적은 19세기 이후 급속하게 발전한 학문의 전문성과 밀

산드로 보티첼리,
〈비너스의 탄생〉, 1485-1487년 作.

보티첼리의 이 그림은 바다에서
비너스가 탄생하는 장면을 묘사한 것이다.

접한 관련이 있다. 이미 17세기 유럽에서는 실험이나 도구를 이용한 관찰을 통해 오랫동안 세상을 지배했던 우주관에 급격한 변화가 발생했고, 이는 과학적 실험을 토대로 하는 다른 학문들의 발전에 영향을 미쳤다. 그리고 이와 같은 현상은 19세기에 더욱 가속화되었다. 천문학이나 생물학, 지질학, 고고학, 역사학 등 다양한 학문들이 독자적으로 발전함에 따라 구체적이고 세부적인 지식과 정보가 축적되었고, 이를 토대로 우리는 세상 모든 것의 기원과 이후 발생한 수많은 변화를 더욱 자세히 알 수 있게 되었다. 하지만 독자적인 학문의 성장과 발전은 다른 학문과의 소통과 공존을 단절시키는 결과를 초래했다.

이러한 점에서 138억 년 전 발생한 우주의 시작인 빅뱅으로부터 현재와 미래까지 수많은 시간과 공간을 다양한 규모에서 살펴보고자 하는 빅히스토리Big History는 지금까지 인간만을 분석 대상으로 삼았던 기존의 관점을 초월한다. 인간뿐만 아니라 생명과 우주 역시 기원이 있기 때문이다. 지금까지 인간의 기원과 인간 사회에서 발생한 수많은 복잡한 현상들을 분석하고, 이와 같은 현상들이 지니는 역사적 의미를 규명하기 위한 노력들이 있어왔다. 빅히스토리는 여기서 더 나아가 분석 대상의 범위를 생명과 우주까지 확대해 인간과 생명, 우주의 상호관련성을 이해하고자 한다. 골디락스 행성인 지구와 태양계 그리고 우주에는 인간만 존재하는 것이 아니기 때문이다. 우리는 주변의 모든 것들과 다양한 상호관련성을 가지고 있다. 빅히스토리는 바로 이와 같은 상호관련성을 보여주고, 그 속에서 세상 모든 것의 기원을 보다 분명하게 이해하고, 이를 통해 모든 것의 공존을 추구하는 새로운 시도인 셈이다.

이를 위해서는 무엇보다도 지금까지 전문적인 학문으로 발전해 왔던 다양한 학문들 사이의 소통과 공존, 상호관련성을 살펴보아야 한다. 빅히스토리는 세상 모든 것의 기원과 변화에 대해 '세상은 어떻게 시작되었을까?' '인간은 어떻게 탄생했을까?' '인간이 진화하면서 어떤 변화들이 나타났을까?' 등과 같은 큰 질문Big Question을 제기하고, 그에 대한 대답을 단일한 학문 분야가 아닌 다양한 학문 분야들의 소통 속에서 찾아나가는 과정이다.

이러한 점에서 빅히스토리는 인문학과 자연과학을 자연스럽게 연결해주는 다리가 될 수 있다. 이와 같은 방식은 무엇보다도 오늘날과 같은 글로벌 사회에서 매우 중요하다. 나와 주변 모든 것들의 기원을 보다 균형 잡힌 시각에서 이해하고 살펴봄으로써 이들 사이의 상호관련성을 헤아려보는 작업은 인간 중심적 사고를 넘어 우리와 더불어 세상을 구성하는 다양한 생명체들과 사물들의 관계를 올바르게 이해하고, 이를 통해 공존의 방법을 모색하는 데 중요한 토대를 제공해주기 때문이다.

역사학을 통해 융합을 시도하다

약 200만 년 전에 등장한 호모에렉투스는 인류 역사 속에서 아주 중요한 의미를 지닌다. 인류 역사상 최초로 불을 사용하면서 이들의 두뇌 용량은 이전보다 두 배 이상 증가했다. 이전에 등장했던 오스트랄로피테쿠스 아파렌시스Australopithecus Afarensis는 이족보행을 했지만, 두뇌 용량이 침팬지와 비슷했다. 호모하빌리스Homo habilis도 도구를 제작했지만, 호모 속의 기준에 해당하는 두뇌 용량에 미치지 못했기 때문이다. 이와 더불어 호모에렉투스는 인류 역사상 최초로 아프리카를 벗어나 다른 지역으로 이동했던 종이기도 하다.

600만~700만 년 전 침팬지와 인류의 공통 조상에서 분화한 이후 인류는 오랫동안 아프리카에서만 살았다. 그런데 호모에렉투스는 유럽 일부 지역과 동남아시아 그리고 동북아시아까지 이동했다. 그리고 약 20만~25만 년 전 아프리카에서 등장한 호모사피엔스는 아시아뿐만 아니라 오스트레일리아와 아메리카까지 이동했다. 오스트레일리아로 이동할 때는 단순하고 조야한 뗏목을 만들어 이동했고, 아메리카로 이동할 당시에는 빙하기여서 해수면이 낮아 걸어서 이동할 수 있었다. 이러한 이동으로 인류는 전 지구적으로 퍼져나갈 수 있었다. 최초의 글로벌 네트워크가 형성된 것이다.

약 1만 년 전 농경이 시작되면서 인류 역사는 이전과는 전혀 다른 방식으로 변화했다. 더 많은 생산물을 얻기 위해 주변의 동물과 식물을 길들이기 시작한 것이다. 덕분에 잉여생산물이 생겼고, 증가한 인구를 부양할 수 있었다. 결과적으로 더 많은 인구를 부양할 수 있게 되면서 공동체 규모는 더욱 커졌다. 도시와 국가가 나타났고, 노동력과 자원을 얻기 위한 전쟁이 발생하면서 제국이 등장했다. 그리고 제국은 여러 거점 지역을 연결하면서 또 다른 글로벌 네트워크를 형성했다.

물론 농경이 긍정적인 영향만 초래했던 것은 아니다. 농경으로 인한 부정적인 측면 가운데 하나는 바로 전염병이다. 물론 수렵채집 시대에도 전염병은 존재했다. 동물을 사냥하면서 상처가 생겼고, 이를 통해 감염되었다. 특정 지역의 풍토병도 자주 발생했다. 이동생활을 할 때는 다른 지역으로 계속 이주했기 때문에 전염병이 발생해도 그로 인한 사망률이 상대적으로 낮았다. 그러나 농경이 시작된 이후 정착생활을 하면서 전염병은 과거보다 더욱 치명적이 되었고, 그로 인한 사망률도 수렵채집 시대보다 더욱 증가했다.

앙리 루소 Henri Rousseau,
〈정글 속 두 마리의 원숭이〉, 1909년 作.

원시적 화풍을 추구했던 프랑스 화가 루소는
비평가들에게는 비웃음을 샀지만,
대중으로부터는 많은 사랑을 받았다.

글로벌 네트워크가 형성되면서 더 많은 지역들이 긴밀하게 연결되었다. 지구사Global History는 급속한 지구화의 흐름 속에서 인류 역사를 새로운 방식으로 분석하고 조명하는 역사학 분야다. 지구사에서는 인류 역사를 하나의 민족이나 국가 층위에서 분석하려는 시도를 넘어 전체 인류, 그리고 지구 자체를 하나의 역사 단위로 파악한다. 결국 전 지구적 관점을 토대로 역사 현상과 사건을 살펴보고, 그 속에서 나타난 상호작용과 상호관련성을 고찰하는 것이다.

이 책에서 다루고 있는 역사가들은 어떤 의미에서는 모두 지구사가다. 자신이 살고 있는 시대와 지역을 넘어 다른 사람들과의 소통을 통해 역사학의 본질을 정의하고, 그 속에서 과거 사실을 이해하고자 했기 때문이다. 역사학은 단순히 인간 자체에만 초점을 맞추어서는 안 된다. 역사학은 인간의 과거인 동시에 전체 인류의 조상인 호모사피엔스의 과거이고, 인간과 인간을 둘러싼 환경의 변화 속에서 인류가 어떻게 변화해왔는지 다양한 형태의 사료를 통해 보여주는 학문인 셈이다. 이러한 점에서 역사학은 다른 어떤 학문보다도 상호 학제 간 소통과 협력을 토대로 삼는 학문이라 할 수 있다. 오늘날 우리 사회에서 추구하는 융합이 시작되는 곳이 바로 역사학인 것이다.

참고 문헌

헤로도토스 지음, 천병희 옮김, 《역사》, 숲, 2009.
투키디데스 지음, 천병희 옮김, 《펠로폰네소스 전쟁사》, 숲, 2011.
티투스 리비우스 지음, 이종인 옮김, 《로마사》, 현대지성, 2020.
타키투스 지음, 천병희 옮김, 《게르마니아》, 숲, 2012.
차전환, "폴리비오스의 정체이론과 로마 공화정 분석," 〈세계역사와 문화연구〉 50:1, 2019, pp. 37-62.
사마천 지음, 소준섭 옮김, 《사마천 사기 56》, 현대지성, 2016.
아우구스티누스 지음, 조호연, 김종흡 옮김, 《하나님의 도성: 신국론》, CH북스, 2016.
아인하르트 지음, 이경구 옮김, 《샤를마뉴의 생애》, 지식을만드는지식, 2012.
베다 베네라빌리스 지음, 이동일, 이동춘 옮김, 《영국민의 교회사》, 나남, 2011.
이혜민, "벵상 드 보베의 《역사보감》: 망각된 "고전"을 왜 다시 읽는가?", 《서양사론》 146, 2020, pp. 214-238.
움베르토 에코 지음, 이윤기 옮김, 《장미의 이름》, 열린책들, 2009.
레오나르도 브루니 지음, 임병철 옮김, 《피렌체 찬가》, 책세상, 2002.
니콜로 마키아벨리 지음, 강정인, 김경희 옮김, 《군주론》, 까치, 2015.
르네 데카르트 지음, 이현복 옮김, 《방법서설》, 문예출판사, 2019.
게오르크 헤겔 지음, 권기철 옮김, 《역사철학강의》, 동서문화사, 2008.
Voltaire, William F. Fleming, 《The Age of Louis XIV》, Nabu Press, 2012.
카를 마르크스 지음, 김수행 옮김, 《자본론》, 비봉출판사, 2015년.
조지형 지음, 《랑케 & 카: 역사의 진실을 찾아서》, 김영사, 2006.
빌헬름 딜타이 지음, 김창래 옮김, 《정신과학에서 역사적 세계의 건립》, 아카넷, 2009.
로빈 콜링우드 지음, 소광희 옮김, 《역사의 인식》, 경문사, 1990.
오스발트 슈펭글러 지음, 양해림 옮김, 《서구의 몰락》, 책세상, 2019.
에드워드 카 지음, 김택현 옮김, 《역사란 무엇인가》, 까치, 2016.
아널드 토인비 지음, 홍사중 옮김, 《역사의 연구 1》, 동서문화사, 2016.
페르낭 브로델 지음, 주경철, 조준희 옮김, 《지중해: 펠리페 2세 시대의 지중해 세계 1》, 까치, 2017.
페르낭 브로델 지음, 김홍식 옮김, 《물질문명과 자본주의 읽기》, 갈라파고스, 2012.

헤이든 화이트 지음, 천형균 옮김, 《메타 역사: 19세기 유럽의 역사적 상상력》, 지만지, 2010.
에릭 홉스봄 지음, 정도영 외 옮김, 《혁명의 시대》, 한길사, 1998.
에릭 홉스봄 지음, 정도영 옮김, 《자본의 시대》, 한길사, 1998.
에릭 홉스봄 지음, 김동택 옮김, 《제국의 시대》, 한길사, 1998.
토머스 쿤 지음, 정동욱 옮김, 《코페르니쿠스 혁명》, 지식을만드는지식, 2016.
재러드 다이아몬드 지음, 김진준 옮김, 《총, 균, 쇠》, 문학사상, 2013.
데이비드 크리스천 지음, 김서형, 김용우 옮김, 《거대사》, 서해문집, 2009.
데이비드 크리스천 지음, 윤신영 옮김, 《빅 히스토리》, 사이언스북스, 2017.
데이비드 크리스천, 밥 베인 지음, 조지형 옮김, 《빅 히스토리》, 해나무, 2013.
김서형, 《김서형의 빅히스토리: Fe 연대기》, 동아시아, 2017.
김서형, 《빅히스토리: 인류 역사의 기원》, 살림, 2018.
김서형, 《그림으로 읽는 빅히스토리》, 학교도서관저널, 2018.
김서형, 《초등학생을 위한 빅 히스토리》, 해나무, 2017.

EBS 30일 인문학

처음 하는 역사학 공부

초판 1쇄 발행 2021년 10월 30일

지은이 김서형

펴낸이 김명중
콘텐츠기획센터장 류재호 | **북&렉처프로젝트팀장** 유규오
북팀 박혜숙, 여운성, 장효순, 최재진 | **북매니저** 전상희 | **마케팅** 김효정, 최은영
책임편집 김시경, 월링북스 | **디자인** 김규림 | **인쇄** 재능인쇄

펴낸곳 한국교육방송공사(EBS)
출판신고 2001년 1월 8일 제2017-000193호
주소 경기도 고양시 일산동구 한류월드로 281
대표전화 1588-1580 **홈페이지** www.ebs.co.kr
전자우편 ebs_books@ebs.co.kr

ISBN 978-89-547-5985-4 04100
978-89-547-5891-8 (세트)